Dieses Buch gehört in jede Mietwohnung. Denn es gibt kaum so viele Missverständnisse, Fehlannahmen und fest im kollektiven Gedächtnis eingebrannte Mythen wie beim Mietrecht, und diese können richtig teuer werden. Manche glauben etwa, mit drei präsentierten Nachmietern kämen sie aus dem Mietvertrag raus, oder sie könnten das Treppenhaus liebevoll mit ihren Topfpflanzen verzieren. Vermieter wiederum denken zum Beispiel, sie könnten das Halten von Haustieren in den von ihnen vermieteten Räumlichkeiten generell verbieten oder grundsätzlich einen Ersatzschlüssel der Wohnung behalten. Auch darüber, was man sich von Nachbarn bieten lassen muss und was nicht, herrscht oft Unkenntnis. Patrick Burow und Dallan Sam versammeln in ihrem Buch Mythen, Irrtümer, brisante und hilfreiche Fakten rund ums Mietrecht – zur Aufklärung wie zur Unterhaltung.

DR. IUR. PATRICK BUROW, geboren 1965 in Hamburg, promovierte in seiner Geburtsstadt und ist seit 1996 Richter in Sachsen-Anhalt. Unter seinem Pseudonym Falk van Helsing veröffentlichte er bereits 14 Humorbücher beim Eichborn- und Lappan-Verlag mit einer Gesamtauflage von rund 130 000 Exemplaren. Bei Ullstein erschienen von ihm *Ich habe nicht geschossen, nur ein bisschen* und *Jurafakten*.

DALLAN SAM ist deutscher Unternehmer, Buchautor, Experte im Aufbau und Betreiben großer Social Media Brands und Gründer von »Jurafakten«. Mit mehr als 15 Millionen deutschsprachigen Abonnenten auf Instagram und Facebook zählt seine Firma Dasa Media zu den größten deutschen Medienunternehmen.

PATRICK BUROW & DALLAN SAM

WAS VERMIETER UND NACHBARN NICHT DÜRFEN

Die größten Irrtümer
rund ums Mietrecht

Ullstein

Besuchen Sie uns im Internet:
www.ullstein.de

Wir verpflichten uns zu Nachhaltigkeit
- Klimaneutrales Produkt
- Papiere aus nachhaltiger Waldwirtschaft und anderen kontrollierten Quellen
- ullstein.de/nachhaltigkeit

Aus Gründen der Lesbarkeit wurde im Text die männliche Form gewählt. Nichtsdestoweniger beziehen sich die Angaben auf Angehörige aller Geschlechter.

MIX
Papier
FSC FSC® C083411

Originalausgabe im Ullstein Taschenbuch
1. Auflage April 2022
© Ullstein Buchverlage GmbH, Berlin 2022
Marketing: Dasa Media GmbH, Dallan Sam
Umschlaggestaltung: zero-media.net, München
Titelabbildung: © Zanna Pesnina / alamy images (Haus);
© FinePic®, München
Satz: LVD GmbH, Berlin
Gesetzt aus Berkeley Oldstyle
Druck und Bindearbeiten: CPI books GmbH, Leck
ISBN 978-3-548-06628-8

Inhaltsverzeichnis

Einleitung

Die Deutschen sind zu 57,9 Prozent Mieter[1] und leben in 22 Millionen Mietwohnungen[2]. Die eigene Wohnung ist der Lebensmittelpunkt und von existenzieller Bedeutung. Im Schnitt wenden wir mehr als ein Viertel unseres Haushaltseinkommens für Miete und Nebenkosten auf[3]. Schon diese paar Zahlen belegen die enorme Bedeutung des Mietrechts für unseren Alltag.

Dabei steckt im Mietrecht jede Menge Zündstoff, denn es ist von gegensätzlichen Interessen der Vertragsparteien geprägt. Der Vermieter ist in erster Linie am maximalen Ertrag seines Kapitals interessiert. Er will einen pflegeleichten Mieter, der pünktlich eine möglichst hohe Miete zahlt und keine Ansprüche stellt. Der Mieter dagegen ist an preiswertem, gut ausgestattetem Wohnraum interessiert. Er will, dass der Vermieter sich um die Instandhaltung des Hauses kümmert und ihn ansonsten in Ruhe lässt.

Sowohl Vermieter als auch Mieter sind in der Regel juristische Laien. Die Unkenntnis des Mietrechts – gekoppelt mit den erwähnten gegensätzlichen Interessen – führt oft zu einer jeweils einseitigen Auslegung des Rechts. Fast jeder Mieter glaubt, er dürfe einmal im Monat in der Wohnung hemmungslos feiern, solange er die Party mit einem Zettel im Hausflur ankündigt; dass er, wenn er drei Nachmieter stellt, sofort aus dem Mietvertrag rauskommt; und natürlich könne er die Kaution am Ende der Mietzeit »abwohnen«, meint er. Der Vermieter dagegen ist der festen Überzeugung, er dürfe einen Zweitschlüssel behalten, um bei Bedarf jederzeit in die Wohnung zu kommen. Oder er könne das Halten von Haustieren generell verbieten, und der Mieter müsse bei seinem Auszug grundsätzlich renovieren.

Rechtsirrtümer halten sich durch Mund-zu-Mund-Propaganda besonders hartnäckig. Es gibt kaum ein anderes Rechtsgebiet, auf dem sich so viele Fehlvorstellungen so dauerhaft halten, wie das Mietrecht. Sie führen zu Unsicherheit und nicht selten zum Streit. Über 200 000 Mietrechtsprozesse verhandeln die deutschen Gerichte jedes Jahr.[4] So versuchen Vermieter grundlos die Miete zu erhöhen, während Mieter die Miete ungerechtfertigt mindern. Viele Prozesse beruhen auf den Irrtümern sowohl von Vermietern als auch von Mietern und wären so gesehen vermeidbar.

Die häufigsten Mythen rund ums Mietrecht werden in diesem Buch dokumentiert und richtiggestellt. Mit diesem Buch möchten wir aber nicht nur aufklären und die harten Fakten des Mietrechts dokumentieren, sondern Sie werden sehen, dass manche kuriosen Rechtsstreits und Urteile auch jede Menge Unterhaltung zu bieten haben.

1

Wohnungsbewerbung

In Zeiten von Wohnungsnot treibt der Kampf um die raren Unterkünfte manchmal seltsame Blüten. Doch darf der Vermieter nur »an Deutsche« vermieten? Darf er die Bezahlung des Maklers oder gar Sex verlangen? Darf umgekehrt der Mieter bei der Bewerbung lügen oder den Vermieter bestechen?

Darf der Vermieter ein unmoralisches Angebot machen?

Manche Vermieter versuchen, die Wohnungsnot, vor allem in den Großstädten, skrupellos auszunutzen und erwarten als Gegenleistung für die Vermietung einer Wohnung allen Ernstes sexuelle Gefälligkeiten seitens der Interessentinnen. Strafrechtlich ist das Angebot allerdings unbedenklich: Es liegt keine sexuelle Nötigung vor, da de jure keine Machtsituation ausgenutzt wird.[1]

Darf der Vermieter Wohnungen nur »an Deutsche« vermieten?

Ein bayerischer Vermieter annoncierte eine Wohnung mit dem Zusatz »an Deutsche«. Ein Interessent, der aus Burkina Faso stammt, meldete sich telefonisch auf das Inserat. Der Vermieter erkundigte sich nach seiner Herkunft – nachdem er sie erfahren hatte, legte er auf. Der Anrufer fühlte sich diskriminiert und verklagte den Vermieter.

Das Amtsgericht Augsburg sah in dem Ausschluss sämtlicher »Nicht-Deutschen« eine Diskriminierung aufgrund der ethnischen Herkunft.[2] Der Vermieter musste dem Interessenten 1000 Euro Entschädigung zahlen. Außerdem darf er die Formulierung »an Deutsche« künftig nicht mehr in Inseraten verwenden. Tut er es dennoch, droht ihm ein hohes Ordnungsgeld.

Darf ich den Vermieter anlügen?

Vermieter verteilen bei Wohnungsbesichtigungen gern Fragebögen an die Interessenten. Muss man den wahrheitsgemäß ausfüllen? Der Wohnungssuchende fürchtet nicht zu Unrecht, mit der Wahrheit die begehrte Wohnung vielleicht nicht zu bekommen. Die Antwort hängt davon ab, ob es sich um zulässige oder unzulässige Fragen handelt.

Berechtigt sind Fragen des Vermieters nach der Zahl der Wohnungsnutzer, ihrem Familienstand, Arbeitgeber, Nettoeinkommen und ihren Vermögensverhältnissen. Der Vermieter will wissen, ob man die Wohnung überhaupt bezahlen kann. Wenn man solche Fragen falsch beantwortet, kann der Vermieter den Mietvertrag wegen arglistiger Täuschung anfechten oder fristlos kündigen.

Unberechtigt sind Fragen nach dem Privatleben. Fragen nach der sexuellen Orientierung, Familienplanung, Hobbys oder dem Musikgeschmack des Bewerbers braucht man nicht wahrheitsgemäß zu beantworten. Mit Fragen nach der Mitgliedschaft im Mieterverein oder einer Rechtsschutzversicherung will der Vermieter herausfinden, ob man ein streitlustiger Zeitgenosse ist. Bei diesen unzulässigen Fragen hat der Befragte das Recht zur Lüge.

Auch über seinen Geisteszustand braucht ein Interessent dem Vermieter selbstverständlich keine Auskunft zu erteilen. Es gehört zum Risiko des Vermieters, wenn er unglücklicherweise an einen psychisch gestörten Messie oder sonst wie Verhaltensauffälligen gerät.

Muss immer der Mieter die Maklerprovision zahlen?

Viele Mieter glauben, sie würden um die Zahlung der Maklerprovision nicht herumkommen, wenn eine Wohnung von einem Makler annonciert oder dieser eingeschaltet wird. Das stimmt nicht, denn 2015 wurde das sogenannte Bestellerprinzip eingeführt. Danach ist es dem Makler untersagt, eine Provision vom Mieter zu verlangen, es sei denn, er sucht ausschließlich im Auftrag des Mieters (vgl. § 2 Abs. 1a WoVermRG). Damit soll derjenige die Kosten des Immobilienmaklers tragen, der ihn beauftragt hat – also meist der Vermieter.

Darf der Makler eine Besichtigungsgebühr verlangen?

Ein Makler annoncierte eine gemütliche Zweizimmerwohnung im Herzen von Stuttgart. Für die Besichtigung im Rahmen eines Sammeltermins verlangte er eine Gebühr von 34,99 Euro, für einen Einzeltermin 49,99 Euro. Die Gebühr sei vor Ort in bar zahlbar, und sie werde bei Nichtabschluss eines Mietvertrages auch nicht erstattet.

Das Landgericht Stuttgart erklärte die Besichtigungsgebühr für unzulässig.[3] Der Makler habe damit gegen das Bestellerprinzip (wonach derjenige, der die Dienstleistung eines Immobilienmaklers beauftragt, auch die Kosten für den Makler zahlen muss) sowie gegen das Verbot von Nebenentgelten verstoßen. Nach Letzterem ist selbst bei erfolgreicher Vermittlung einer Wohnung das Vereinbaren von weiteren Kosten wie Schreibgebühren, Einschreibegebühren und sonstige Auslagen verboten. Nichts anderes gilt für die Besichtigungsgebühr.

Muss ich dem Vormieter eine Ablöse bezahlen?

Der Vormieter hat in der Wohnung eine Küche, Einbauschränke und einen Parkettfußboden eingebaut und fordert vom Nachmieter dafür eine Ablösezahlung. Rechtlich handelt es sich hierbei um einen Kaufvertrag – und eine Rechtspflicht, diesen abzuschließen, besteht für den Nachmieter nicht. Aus Sicht des Wohnungsbewerbers wird es daher vor allem darauf ankommen, ob der Vermieter die Übernahme der eingebrachten Sachen als entscheidend für den Mietvertragsabschluss ansieht oder nicht (er kann genauso gut vom Vormieter verlangen, alle von ihm getätigten Einbauten wieder zu entfernen).

Darf ich den Vermieter bestechen?

In Großstädten wie München, Hamburg oder Berlin herrscht eine zunehmende Wohnungsknappheit. Auf eine Wohnung kommen nicht selten 50 Interessenten. Mancher überlegt, ob er seine Chancen beim Kampf um die begehrte Wohnung mit Bargeld verbessern kann.

Strafrechtlich ist es kein Problem, eine Mietwohnung zu ergattern, indem man dem Vermieter einen Obolus zukommen lässt. Denn nur die Bestechung von Amtsträgern ist gemäß § 334 StGB strafbar.

2

Der Mietvertrag

Um den Mietvertrag rankt sich eine ganze Reihe von falschen Annahmen. So trifft man auf Vermieter, die glauben, sie könnten für das Ausstellen des Mietvertrages eine Gebühr verlangen. Und es gibt Mieter, die fest davon überzeugt sind, dass sie den Mietvertrag innerhalb von zwei Wochen widerrufen könnten. Nicht nur in diesen Fällen droht den Beteiligten juristischer Schiffbruch.

Kann der Mietvertrag nur schriftlich geschlossen werden?

Nein. Auch mündliche Mietverträge sind gültig, denn sie sind formfrei. Und: Wird der Mietvertrag für längere Zeit als ein Jahr nicht in schriftlicher Form geschlossen, so gilt er gemäß § 550 BGB für unbestimmte Zeit.

Der Nachteil eines nur mündlich geschlossenen Mietvertrages besteht darin, dass im Streitfall Wort gegen Wort steht. Wer sich auf nicht schriftlich festgehaltene Regelungen beruft, muss diese vor Gericht beweisen können. Das ist oft schwierig, da Vermieter und Mieter bei Vertragsverhandlungen meist unter sich sind und Zeugen fehlen.

Darf der Vermieter für das Ausstellen des Mietvertrages eine Gebühr verlangen?

Manche Vermieter verlangen für den Mietvertrag eine Bearbeitungsgebühr in Höhe von 150 Euro. Die meisten Gerichte billigen dem Vermieter keine Bearbeitungsgebühr für Verträge zu. Denn der Vermieter darf kein Geld für eine Leistung verlangen, die er als Verwaltungstätigkeit ohnehin erbringen muss. Außerdem dient der Abschluss eines Formularmietvertrages vorwiegend den Interessen des Vermieters, daher würde eine Bearbeitungsgebühr den Mieter unangemessen benachteiligen.

Gibt es Obergrenzen für die Miete?

Grundsätzlich gilt bei der Miethöhe die Vertragsfreiheit. Vermieter können so viel Miete verlangen, wie Mieter ihnen bereit sind zu zahlen. Eine Obergrenze ist der Mietwucher gemäß § 291 Abs. 1 Nr. 1 StGB. Er liegt vor, wenn die vereinbarte Miete die ortsübliche Vergleichsmiete um mehr als 50 Prozent übersteigt.

Manche Bundesländer mit Wohnungsnot haben per Verordnung eine Mietpreisbremse erlassen, etwa Bayern, Hamburg und Nordrhein-Westfalen. Der Vermieter darf hier bei Neuvermietungen nicht mehr als 110 Prozent der ortsüblichen Vergleichsmiete verlangen.

Darf der Vermieter eine Staffelmiete verlangen?

Bei der Staffelmiete erhöht sich die Miete nach bestimmten Zeiträumen automatisch um einen festgelegten Betrag. Der Vermieter darf diese Staffelmiete gemäß § 557a Abs. 1 BGB aber nur verlangen, wenn die Staffelmiete bereits im Mietvertrag ausdrücklich vereinbart worden ist. Dann allerdings ist sie rechtens. Eine zeitliche Obergrenze sieht das Gesetz für die Laufzeit der Staffelvereinbarung nicht vor, sodass sich die Miete jedes Jahr erhöhen kann.

Wie lange ist die Mietdauer?

Im Mietvertrag steht meist, dass das Mietverhältnis auf unbestimmte Zeit abgeschlossen wird. Es dauert also an, bis entweder der Vermieter oder der Mieter kündigt.

Sind Zeitmietverträge gültig?

Dem Interessenten gefällt die Wohnung, der Vermieter will aber nur einen zeitlich befristeten Vertrag abschließen. Zulässig ist allerdings lediglich ein qualifizierter Zeitmietvertrag gemäß § 575 Abs. 1 BGB. Danach muss der Vermieter einen ganz konkreten Grund der hier aufgeführten Befristungsgründe nennen, um den Mietvertrag befristen zu können. Diese Gründe sind Eigenbedarf, größere Sanierung der Mietsache oder die Vermietung als Werkswohnung, zum Beispiel an einen Hausmeister. Ohne einen solchen Grund gilt das Mietverhältnis automatisch als auf unbestimmte Zeit abgeschlossen, es kann nicht befristet werden.

Die Ehefrau wird automatisch Mieterin

Dieser Auffassung sind viele Vermieter, vor allem dann, wenn der Ehemann keine Miete mehr zahlt. Doch da liegt der Vermieter falsch. Schließt ein Ehemann einen Mietvertrag ab, so wird die Ehefrau nicht automatisch Vertragspartnerin, auch dann nicht, wenn sie von dem Vertrag weiß und darin benannt wird.

Ein Fall dazu: Ein Mann hatte 2010 allein einen Mietvertrag für eine Wohnung abgeschlossen. Als er ins Gefängnis musste, zahlte er keine Miete mehr. Sechs Jahre später wollte der Insolvenzverwalter des damaligen Vermieters die rückständige Miete von der Ehefrau des Mannes eintreiben. Sie verweigerte die Zahlung.

Zu Recht, wie das Landgericht Stuttgart urteilte.[1] Denn der Ehemann hatte den Mietvertrag nicht im Namen und in Vollmacht der Frau unterschrieben, und beim Abschluss eines Mietvertrages handelt es sich auch nicht um ein Geschäft zur Deckung des täglichen Lebensbedarfs. Letzteres wäre etwa der Kauf von Lebensmitteln, Kleidung und Haushaltsgeräten.

Muss der Mieter während eines laufenden Mietverhältnisses einen neuen Mietvertrag unterschreiben?

Manch alter Mietvertrag wird irgendwann nachteilig für den Vermieter. So hat der Bundesgerichtshof zahlreiche Klauseln über Schönheitsreparaturen für unwirksam erklärt. Mit einem neuen Mietvertrag, der entsprechend nachgebesserte Klauseln beinhaltet, will der Vermieter dem Mieter nun aber doch noch die Malerarbeiten aufs Auge drücken. Unter dem Vorwand, der Mietvertrag solle der aktuellen Rechtsprechung angepasst werden, legt er dem Mieter einen neuen Vertrag zur Unterschrift vor.

Der Mieter ist aber nicht verpflichtet, einen neuen Mietvertrag zu unterschreiben. Er kann auf der Gültigkeit und dem Inhalt des alten Vertrages beharren.

Kann ich die Miete später zahlen, weil mein Arbeitgeber erst später im Monat Gehalt zahlt?

Mancher Mieter bekommt sein Gehalt erst in der Monatsmitte ausgezahlt. Entsprechend möchte mancher die Mietzahlung vom Monatsanfang auf später verschieben.

Das geht jedoch nicht, wie ein Blick ins Gesetz verrät. Die Miete ist gemäß § 556 b Abs. 1 BGB »spätestens bis zum dritten Werktag« eines jeden Monats im Voraus zu entrichten. Es genügt allerdings, wenn der Mieter die Miete bis zum dritten Werktag *überwiesen* hat.[2] Die Miete muss nicht bereits am dritten Werktag auf dem Konto des Vermieters *eingegangen* sein.

Kann ein Mietvertrag innerhalb von zwei Wochen nach Vertragsabschluss widerrufen werden?

Das Märchen vom Rücktritt vom Mietvertrag hält sich hartnäckig. Kaum ist die Tinte unter dem Mietvertrag trocken, hat mancher Mieter eine schönere und günstigere Wohnung gefunden, und nun will er stattdessen jene anmieten. Der Verbraucher hat sich an zahlreiche Widerrufsrechte, zum Beispiel beim Onlineshopping, gewöhnt. Das müsste doch auch beim Mietvertrag gehen, denkt er sich. Also erklärt er kurzerhand den Widerruf des Vertrags.

Doch beim Mietvertrag gibt es gemäß § 312 Abs. 4 S. 2 BGB kein Widerrufsrecht. Ein Mietvertrag ist nach der Unterzeichnung für Vermieter und Mieter bindend. Es bleibt nur der Weg, mit dem Vermieter einen Mietaufhebungsvertrag zu schließen – oder aber vertragskonform mit der dreimonatigen Frist zu kündigen.

3

Mieterhöhungen und andere Änderungen im laufenden Mietverhältnis

Mieter sind der Ansicht, eine Wohnung sei wie die Drehtür eines Hotels: Neue Lebenspartner dürfen einfach so einziehen, und Mitmieter können ihr Mietverhältnis durch schlichten Auszug beenden. Vermieter wiederum unterliegen der Fehlvorstellung, sie könnten die Miete beliebig oft, in beliebiger Höhe und ohne ausreichende Begründung erhöhen.

Kann ich mit unbegrenzt vielen Menschen in meiner Wohnung leben?

Zwei Mieter stehen im Mietvertrag. Doch mit der Zeit wird die Wohnung immer voller: Kinder werden geboren, Verwandtschaft oder neue Lebenspartner ziehen ein. Das ist nur zulässig, solange es nicht zu einer Überbelegung der Wohnung führt. Solch eine Überbelegung stellt einen vertragswidrigen Gebrauch der Mietsache dar, der Vermieter kann dann gemäß § 541 BGB auf Unterlassung klagen (also den Mieter zwingen, manche Mitbewohner wieder zum Auszug zu bewegen) oder den Mietvertrag kündigen. Eine Überbelegung liegt vor, wenn weniger als zehn Quadratmeter Wohnfläche pro Person vorhanden sind.

In einem Fall des Amtsgerichts München lebten in einer Einzimmerwohnung mit 25,88 m² zwei Erwachsene und zwei Kinder.[1] Der Mietvertrag enthielt wegen der geringen Wohnfläche eine Klausel, wonach zusätzlich zum Mieter maximal noch die Ehefrau aufgenommen werden durfte. Mit vier Bewohnern war die kleine Wohnung aber überbelegt. Das Amtsgericht bestätigte daher die Kündigung des Mietvertrages.

Dürfen Lebenspartner einfach so einziehen?

Nein. Grundsätzlich bedarf es einer vorherigen Einverständnis-erklärung des Vermieters. Diese wird er allerdings erteilen müs-sen, es sei denn, er hat triftige Gründe, die dagegensprechen, beispielsweise dann, wenn die Wohnung nach Einzug des Part-ners überbelegt sein würde.

Der heimliche Einzug eines Lebensgefährten bleibt jedoch in der Regel folgenlos. Insbesondere rechtfertigt er keine Kündi-gung des Mietvertrags.[2] Denn die unterlassene Einholung einer Erlaubnis ist nicht erheblich genug, um eine Kündigung des Mietverhältnisses zu rechtfertigen.

Anders sieht es aus, wenn es sich um den Ehepartner oder die eigenen Kinder des Mieters handelt. Hier braucht der Mieter nicht um Erlaubnis zu fragen, ob sie mit in der Wohnung woh-nen dürfen (es sei denn, die Wohnung gilt dadurch als überbe-legt). Allerdings müsste der Vermieter vor Einzug von Ehepart-ner und Kindern benachrichtigt werden.

Kann der eine Partner nach einer Trennung einfach ausziehen, und der Expartner zahlt weiterhin die Miete?

Erstaunlich viele Mieter glauben, mit ihrem Auszug aus einer gemeinsamen Wohnung sei ihr Mietverhältnis automatisch be-endet.

Fakt ist jedoch: Wenn zwei Leute, also etwa Lebenspartner,

den Mietvertrag unterschrieben haben, müssen auch beide für die Miete aufkommen, und zwar selbst dann, wenn einer der beiden gar nicht mehr in der Wohnung wohnt. Weder führt der Auszug eines der Mieter automatisch zur Beendigung des Mietvertrages, noch entbindet er den Ausziehenden von seinen vertraglichen Pflichten, also etwa von der Mietzahlung. Der ausziehende Mieter müsste den Vermieter daher bitten, ihn aus dem Mietvertrag zu entlassen.

Darf der Vermieter verbieten, dass ein Teil der Wohnung untervermietet wird?

In manchen Mietverträgen steht, dass jede Form der Untervermietung nur mit Zustimmung des Vermieters gestattet ist. Doch kann der Vermieter eine teilweise Untervermietung der Wohnung in den meisten Fällen nicht untersagen. Denn der Vermieter muss gemäß § 553 Abs. 1 BGB die Untervermietung erlauben, wenn der Mieter ein berechtigtes Interesse an der Untervermietung hat und sie dem Vermieter zugemutet werden kann. Das ist etwa bei dem Einzug von Lebensgefährten, Geschwistern oder Eltern der Fall. Möglich ist auch eine Untervermietung aus finanziellen Gründen, wenn der Mieter sonst die Miete nicht mehr zahlen kann.

Tritt ein Untermieter automatisch in den Hauptvertrag ein, wenn er dreimal die Miete gezahlt hat?

Wenn ein Untermieter die Wohnung gern ganz übernehmen will, der Vermieter sich aber querstellt, wenden Untermieter oft einen Trick an: Sie überweisen einfach drei Monate die Miete und glauben, dadurch automatisch zum Hauptmieter zu werden.

Das ist jedoch eines dieser Mietrechtsmärchen. Allein dadurch, dass der Vermieter die Zahlung des Untermieters annimmt, kommt es nicht zu einer Auswechslung der Hauptmieter. Mit der schlichten Geldannahme erklärt der Vermieter sich nicht mit dem Ausscheiden des bisherigen Hauptmieters und dem Eintritt des Untermieters in das Mietverhältnis einverstanden. Dafür bedarf es einer schriftlichen Einigung.

Darf der Mieter seine Wohnung als Ferienapartment vermieten?

Dienste wie Airbnb versprechen einen unkomplizierten Nebenverdienst, wenn man seine Wohnung Touristen und Feriengästen anbietet. Doch Wohnungssharing ist keine Form der grundsätzlich erlaubten Untervermietung, urteilte der BGH bereits im Jahre 2014.[3] Es bedarf damit immer der ausdrücklichen Erlaubnis des Vermieters, die Wohnung oder einzelne Räume an Touristen zu vermieten. Ohne Zustimmung des Vermieters darf der Mieter die Wohnung nicht weitervermieten, denn es würde sich dabei um eine unbefugte Gebrauchsüberlassung handeln. Eine zeitliche Untergrenze gibt es nicht – ohne vorherige Erlaubnis ist der Mieter nicht berechtigt, die Wohnung auch nur einen Tag Touristen zu überlassen. Die Weitervermietung der Wohnung an Touristen kann die fristlose Kündigung des Mietverhältnisses rechtfertigen.[4]

Kann ich meine Wohnung gewerblich nutzen?

Gemäß Mietvertrag darf der Mieter die angemieteten Räume im Regelfall nur zu Wohnzwecken nutzen. Grundsätzlich braucht der Mieter für die gewerbliche Nutzung deshalb die Erlaubnis des Vermieters. Eine Ausnahme besteht nach Auffassung des

Bundesgerichtshofs jedoch, wenn die geschäftliche Tätigkeit des Mieters nicht nach außen in Erscheinung tritt.[5] Als Beispiele nennt das Gericht die Unterrichtsvorbereitung eines Lehrers, das Homeoffice eines Angestellten und die schriftstellerische Tätigkeit eines Autors. Die Grenze wird jedenfalls dann überschritten, wenn am Klingelschild statt des Privatnamens ein Firmenname prangt. Die Mischnutzung einer Wohnung teils fürs Wohnen und teils fürs Gewerbe ist nur dann legal, wenn im Mietvertrag ein solches Mischmietverhältnis vereinbart wurde.

Haben Mieter ein Vorkaufsrecht?

Mieter sind oft der Meinung, der Vermieter müsse ihnen ein Vorkaufsrecht einräumen, wenn er die an sie vermietete Eigentumswohnung verkaufen will. Das ist so generell falsch. Ein Vorkaufsrecht besteht nach § 577 BGB nur, wenn die Wohnung nach ihrer Vermietung in eine Eigentumswohnung umgewandelt wurde, sie bei Anmietung also in einem normalen Mietshaus lag. Handelte es sich jedoch bereits bei Anmietung um eine Eigentumswohnung, besteht kein Vorkaufsrecht des Mieters.

Kann der neue Eigentümer einer Wohnung vom Mieter den Abschluss eines neuen Vertrages verlangen?

Der Käufer einer Eigentumswohnung oder eines Mietshauses tritt nicht selten an die Mieter mit der Aufforderung heran, einen neuen Mietvertrag zu unterschreiben. Er begründet das damit, diese Umschreibung auf ihn sei rechtlich erforderlich. Irrtümlich glauben viele Mieter, sie müssten unterschreiben – und schaden sich damit selbst. Denn der neue Vertrag enthält in der Regel für den Vermieter bessere und für den Mieter schlechtere Konditionen.

Fakt ist: Der Mieter muss bei Eigentümerwechsel keinen neuen Mietvertrag unterschreiben. Es gilt gemäß § 566 BGB der Grundsatz »Kauf bricht nicht Miete«. Der Käufer tritt als neuer Eigentümer in ein bestehendes Mietverhältnis ein, und zwar mit sämtlichen Rechten und Pflichten. Der bisherige Vertrag hat weiter seine Gültigkeit.

Muss der Mieter einer Mieterhöhung stets zustimmen?

Alles wird ständig teurer. Deshalb glauben viele Mieter, sie müssten einer Mieterhöhung wohl oder übel zustimmen. Falsch, denn die Mieterhöhung ist von einer ganzen Reihe an Voraussetzungen abhängig. Die Miete muss in den vergangenen 15 Monaten unverändert geblieben sein, der Vermieter muss die Erhöhung wirksam begründen, und er darf die Miete nur bis zur ortsüblichen Vergleichsmiete erhöhen, wie sie sich zum Beispiel aus dem Mietspiegel ergibt. Darüber hinaus muss der Vermieter gemäß § 558 BGB die Kappungsgrenze von nicht mehr als 20 Prozent in drei Jahren einhalten, sprich, er darf die Miete alle drei Jahre nur um maximal 20 Prozent erhöhen.

Zahlt der Mieter die erhöhte Miete, stimmt er damit der Mieterhöhung zu?

Ein Mieter erhielt ein Mieterhöhungsschreiben von seiner Vermieterin. Er antwortete darauf zwar nicht, zahlte aber anstandslos den höheren Betrag. Die Vermieterin forderte ihn erfolglos auf, der Mieterhöhung schriftlich zuzustimmen. Dann verklagte sie ihn auf Zustimmung.

Das sei überflüssig, erklärte das Amtsgericht Berlin-Schöneberg[6], und Anspruch auf so eine Zustimmung habe die Vermieterin sowieso nicht. Der Mieter habe der Mieterhöhung längst zugestimmt, indem er mehrfach den höheren Betrag überwiesen habe, ohne Vorbehalt anzumelden. Wer mindestens zwei Mal vorbehaltlos die höhere Miete zahle, erkläre sich durch schlüssiges Handeln einverstanden. Mieter seien nicht verpflichtet, ihre Zustimmung zu einer Mieterhöhung schriftlich zu formulieren.

Muss der Vermieter eine Mieterhöhung begründen?

Der Vermieter muss eine Mieterhöhung begründen. Er kann dies durch den Mietspiegel, ein Sachverständigengutachten oder die Benennung von mindestens drei Vergleichswohnungen tun. Daran scheitern viele Mieterhöhungen. Der Mietspiegel kann veraltet sein, oder der Vermieter hat die Wohnung in die falsche Spalte eingeordnet. Der angebliche Sachverständige ist manchmal nur ein Immobilienmakler, und die Vergleichswohnungen sind alles Mögliche, nur nicht miteinander vergleichbar. Vergleichbar sind nur solche Wohnungen, die mit der Wohnung des Mieters nach Wohnwertmerkmalen übereinstimmen. Es genügt, wenn die Wohnungen im Großen und Ganzen, das heißt ungefähr vergleichbar sind.[7]

Kann der Vermieter beliebig häufig Mieterhöhungen vornehmen?

Nein, die Miete muss ein Jahr unverändert geblieben sein, bevor der Vermieter sein Erhöhungsverlangen stellen darf. Die Jahreswartefrist beginnt bei Neuabschlussmieten mit der erstmaligen

Mietzahlung, ansonsten ein Jahr nach Wirksamwerden der letzten Mieterhöhung. Unterschreitet der Vermieter die Jahresfrist, ist die Mieterhöhung unwirksam.

Muss der Mieter mehr Miete zahlen, wenn der Vermieter modernisiert?

Ja, die Modernisierungsumlage ist eine Sonderform der Mieterhöhung, § 559 BGB. Es muss sich aber um eine Modernisierung oder Energiesparmaßnahme und nicht um eine bloße Instandhaltung, zu der der Vermieter ohnehin verpflichtet wäre, handeln. Die Vermieter dürfen die jährliche Miete um bis zu acht Prozent der für die Wohnung aufgewendeten Kosten erhöhen.

Ist eine Mieterhöhung ausgeschlossen, solange Mängel an der Wohnung bestehen?

Diesem Argument begegnet man häufig in Mieterhöhungsprozessen: Der Mieter hält der Mieterhöhung Mängel entgegen. Solange diese bestünden, könne der Vermieter die Miete ja wohl nicht erhöhen. Mängel seien eher ein Grund für eine Minderung der Miete.

Der Mieter irrt, obwohl sein Argument nachvollziehbar erscheint. Denn die Mietminderung einerseits schließt eine Mieterhöhung andererseits nicht aus. Rechtlich haben beide Vorgänge nichts miteinander zu tun. Freilich kann der Mieter den Anspruch auf Mietminderung auch gegenüber der erhöhten Miete geltend machen.

Müssen Mieterhöhungen alle Mieter in einem Haus gleichermaßen treffen?

Verärgert stellt der Mieter fest, dass seine Miete erhöht wurde, die des Nachbarn jedoch nicht. Die Mieterhöhung könne nicht wirksam sein, wenn nicht alle im Haus gleichermaßen eine solche bekommen haben, denkt er sich.

Doch der Mieter irrt sich, denn einen Gleichheitsgrundsatz gibt es im Mietrecht nicht. Völlig unterschiedliche Miethöhen in einem Haus für gleichwertige Wohnungen sind erlaubt und kommen auch häufig vor.

Kann der Mieter, wenn er eine Mieterhöhung nicht zahlt, aus der Wohnung fliegen?

Einem Mieter kann wegen nicht gezahlter Mieterhöhungsbeträge gekündigt werden. Voraussetzung ist allerdings, dass der Mieter durch Urteil zur Zustimmung zur Mieterhöhung verpflichtet ist und dass seit der Rechtskraft des Urteils zwei Monate vergangen sind. Zudem muss der durch die nicht gezahlte Mieterhöhung aufgelaufene Zahlungsrückstand mindestens zwei Monatsmieten entsprechen.

4

Die zweite Miete: die Betriebskosten

Millionen von Mietern erleben alljährlich eine böse Überraschung, wenn ihr Vermieter erhebliche Nachzahlungen auf die Betriebskostenvorauszahlungen verlangt, mit denen sie nicht gerechnet haben. Die Nebenkosten haben sich längst zu einer zweiten Miete ausgewachsen. Nicht wenige Vermieter tricksen bei der Abrechnung, um den Mietern möglichst viel Geld aus der Tasche zu ziehen.

Betriebskosten sind immer zu zahlen?

Das stimmt so nicht. Betriebskosten sind nur dann zu bezahlen, wenn dies im Mietvertrag vereinbart wurde. Andernfalls trägt der Vermieter laut § 535 Abs. 1 S. 3 BGB die Betriebskosten selbst.

Muss der Vermieter der Betriebskostenabrechnung Kopien der Belege beifügen?

Manche Mieter verweigern die Betriebskostennachzahlung mit dem Argument, der Abrechnung seien keine Belege beigefügt gewesen. Das ist nicht gerechtfertigt. Der Vermieter muss dem Mieter keine Belegkopien mitschicken, er kann ihn stattdessen auf die Möglichkeit zur Einsichtnahme bei ihm verweisen. Einen Anspruch auf Übersendung von Fotokopien hat der Mieter nur ausnahmsweise, nämlich dann, wenn die Wohnung und das Büro des Vermieters weit auseinanderliegen.

Sind Betriebskosten auf jeden Fall zu zahlen, egal wann die Abrechnung kommt?

Nein. Vermieter müssen nach § 556 Abs. 3 S. 2 BGB die Betriebskostenabrechnung spätestens ein Jahr nach Ende des Abrechnungszeitraums vorlegen. Hat der Vermieter diese Jahresfrist nicht eingehalten, kann er keine Betriebskostennachzahlung mehr verlangen. Eine Ausnahme ist nur dann zulässig, wenn der Vermieter die verspätete Abrechnung nicht zu vertreten hat. Versäumnisse seiner Abrechnungsfirma oder der von ihm beauftragten Hausverwaltung muss er sich allerdings zurechnen lassen, sie dienen nicht als Ausrede für eine verspätete Betriebskostenabrechnung.

Kann der Mieter sich mit Einwendungen gegen die Betriebskostenabrechnung Zeit lassen?

Nein, kann er nicht. Einwendungen gegen die Abrechnung hat der Mieter nach § 556 Abs. 3 S. 5 BGB innerhalb eines Jahres dem Vermieter mitzuteilen. Nach Ablauf dieser Frist kann der Mieter keine Einwendungen mehr geltend machen, es sei denn, er hat die Verspätung nicht zu vertreten.

Der Mieter hat bei Auszug einen Anspruch auf Zwischenabrechnung

Ein Mieter hofft auf Auszahlung eines Guthabens und der Kaution, weshalb er auf eine schnelle Zwischenabrechnung nach seinem Auszug drängt. Doch da hat er Pech, denn der Vermieter ist zu einer Zwischenabrechnung nicht verpflichtet. Er kann den Ablauf des regulären Abrechnungszeitraums abwarten, also meist das Ende des Kalenderjahres, bevor er die Abrechnung erstellt.

Wenn der Mieter vorzeitig auszieht, muss er dann auch keine Betriebskosten mehr zahlen?

Mieter glauben oft, sie müssten nur noch die Kaltmiete zahlen, wenn sie vor Ablauf des Mietvertrages aus der Wohnung ausziehen, denn sie verbrauchen ja nichts mehr.

Da liegen sie falsch. Vermieter haben ein Recht auf Zahlung von Betriebskostenvorschüssen bis zum Ende der Mietzeit, und zwar in voller Höhe. Denn der Auszug lässt die mietvertraglich begründete Pflicht zur Vorschusszahlung von Betriebskosten nicht entfallen.

Sind Betriebskostenabrechnungen in der Regel korrekt berechnet?

Viele Mieter prüfen die Betriebskostenabrechnung nicht und zahlen im Vertrauen darauf, dass sie schon stimmen wird. Nach Schätzungen des Deutschen Mieterbundes ist jedoch jede zweite Nebenkostenabrechnung falsch.[1] Manchmal geht es für die betroffenen Mieter nur um Kleinbeträge, teilweise liegen die unberechtigten Betriebskosten aber sogar im vierstelligen Bereich. Es kann sich also durchaus lohnen, sich die Abrechnung genau anzusehen oder prüfen zu lassen, zum Beispiel von einem Mieterverein.

Kann der Vermieter alle Kosten auf den Mieter umlegen?

Ein Vermieter würde sicher gerne alle Kosten, die ihm im Zusammenhang mit seinem vermieteten Wohneigentum entstehen, auf den oder die Mieter abwälzen. Doch das kann er nicht. Umlegbar sind nur die vereinbarten Betriebskosten. Die einzelnen Positionen der Betriebskostenabrechnung sollten daher mit denen des Mietvertrags verglichen werden.

Ein häufiger Trick von Vermietern ist, nicht umlagefähige Kosten in umlagefähigen Positionen zu verstecken. Ein Beispiel ist der Hausmeister, der unter anderem Hausverwaltungs- oder Instandhaltungsarbeiten durchführt, die aber nicht der Mieter zu tragen hat. Auch die Reparatur der Heizung wird dem Mieter in den Wartungskosten gern mit untergeschoben – zu Unrecht.

Kann man die Heizungs- und Warmwasserkosten verbrauchsunabhängig abrechnen?

Das ist so generell falsch. Nach § 6 HeizkostVO besteht eine Pflicht zur verbrauchsabhängigen Kostenverteilung. Die Heizungs- und Warmwasserkosten sind mindestens mit 50 Prozent bis zu maximal mit 70 Prozent verbrauchsabhängig abzurechnen.

Im Umkehrschluss bedeutet das, dass maximal 30 bis 50 Prozent verbrauchsunabhängig abgerechnet werden können. Rechnen Vermieter trotzdem zu 100 Prozent verbrauchsunabhängig ab, steht dem Mieter ein Kürzungsrecht in Höhe von 15 Prozent zu (§ 12 HeizkostVO).

Darf der Vermieter Betriebskosten schätzen?

Verbrauchswerte dürfen geschätzt werden, wenn es keine Ablesewerte gibt. Das kann etwa dann der Fall sein, wenn das Heizkostenmessgerät oder der Wasserzähler defekt sind oder wenn die Ablesung wegen Abwesenheit des Mieters nicht durchgeführt werden konnte. Der Schätzung kann beispielsweise der Verbrauch des Vorjahres zugrunde gelegt werden.

Muss der Erdgeschossmieter den Aufzug nicht bezahlen?

Bewohner im Erdgeschoss meinen häufig, sie müssten für den Fahrstuhl keine Nebenkosten bezahlen, denn sie nutzten ihn ja nicht. Leider falsch: Entscheidend ist nicht, ob die Erdgeschossmieter den Fahrstuhl überhaupt nutzen können, sondern was im Mietvertrag vereinbart wurde. Bei einer entsprechenden Vereinbarung müssen sich auch Erdgeschossmieter an den Aufzugskosten beteiligen.[2]

Muss der Mieter alle Hausmeisterkosten bezahlen?

Nein. Die Kosten für den Hausmeister können auf die Mieter nur insoweit umgelegt werden, soweit diese nicht Instandhaltung, Instandsetzung, Erneuerung, Schönheitsreparaturen oder die Hausverwaltung betreffen (§ 2 Nr. 14 BetrKV). Umlegbare Aufgaben des Hausmeisters sind etwa die Treppenhausreinigung, Schneeräumung im Winter, Auswechseln defekter Glühlampen, Bedienung und Überprüfung der Heizung, Herausstellen und wieder Hereinstellen der Mülltonnen sowie Gartenpflege einschließlich Rasenmähen.

Darf der Vermieter die Hausverwaltungskosten umlegen?

Keineswegs. Verwaltungskosten sind nach § 1 Abs. 2 Nr. 1 BetrKV ausdrücklich keine Betriebskosten, die auf den Mieter umgelegt werden können. Ebenfalls nicht zu den Betriebskosten gehören Instandhaltungs- und Kapitalkosten. (Zu den Instandhaltungskosten gehört etwa die Reparatur von Heizung und Aufzug, unter Kapitalkosten fällt die Besorgung von Krediten.)

Gehören Taxikosten einer Katze zu den Nebenkosten?

Manchmal treibt die Fantasie merkwürdige Blüten. Mieter wunderten sich über Kosten der »Ungezieferbekämpfung« in Höhe von 350 Euro in der Betriebskostenabrechnung. Auf Nachfrage erklärte der Vermieter, er habe eine Katze zur Mäusejagd angeschafft. Die hohen Kosten waren dadurch entstanden, dass der Stubentiger eigens mit dem Taxi angereist war. Zahlen mussten die Mieter diese Taxifahrt aber nicht.[3]

Können Hähnchen und Bier für den Hausmeister umgelegt werden?

Ein Vermieter schenkte dem Hausmeister einen Gutschein für ein halbes Wiesenhähnchen und für eine Maß Bier für das Oktoberfest. Die beiden Gutscheine hatten zusammen einen Wert von 15,10 Euro. In der Nebenkostenabrechnung legte der Vermieter diese Kosten auf die Mieter um. Ein Mieter bemängelte dies und weigerte sich, seinen Anteil zu bezahlen.

Der Vermieter erhob Klage vor dem Amtsgericht München und bekam Recht[4]: Wiesengutscheine stellen eine arbeitsrechtliche Sonderzahlung oder Gratifikation dar und sind daher zu den geldwerten Leistungen des Eigentümers an den Hauswart zu rechnen. In der freien Wirtschaft sei es im örtlichen Gerichtsbezirk nicht nur weit verbreitet, sondern geradezu üblich, für den gemeinsamen Wiesenbesuch den Arbeitnehmern Gutscheine für Getränke und Nahrungsmittel zu stiften.

Hochdruckreiniger gegen Straßenkreide

Der Sohn einer Mieterin bemalte den Boden im Eingangsbereich des Mietshauses mit bunter Straßenmalkreide. Dem Vermieter gefielen die Kinderbilder nicht. Er ließ sie mit einem Hochdruckreiniger entfernen. Die Reinigungskosten von 44,08 Euro bürdete er per Betriebskostenabrechnung der Mutter auf.

Das Amtsgericht Wiesbaden erkannte die Reinigungskosten jedoch nicht an.[5] Die Entfernung des Kunstwerkes des Kindes mit einem Hochdruckreiniger sei nicht angemessen. Der Vermieter hätte einfach den nächsten Regen abwarten können, der die Kreide weggewaschen hätte.

Dürfen Betriebskosten leer stehender Wohnungen auf die anderen Mieter umgelegt werden?

Nein. Die Umlegung der Kosten für leer stehende Wohnungen ist unzulässig. Das Leerstandsrisiko trägt einzig und allein der Vermieter und nicht der Mieter.[6]

Muss der Vermieter alle Steuern und Versicherungen für das Haus zahlen?

Das ist nicht der Fall. Die Grundsteuern und auf das Haus bezogene Versicherungen können sehr wohl auf Mieter umgelegt werden. Zu den umlagefähigen Versicherungen gehören insbesondere die Versicherung des Gebäudes gegen Feuer-, Sturm- und Wasserschäden, die Glasversicherung, die Elementarschadensversicherung und die Haftpflichtversicherung des Gebäudes. Nicht umlegbar sind dagegen die Rechtsschutzversicherung des Vermieters oder eine Mietverlustversicherung.

Belegeinsicht lohnt sich nicht?

Beim Vermieter Einsicht in die Belege zu nehmen kann Stunden dauern und bringt keinen Spaß. Trotzdem ist sie oft lohnend. Es finden sich mitunter Abrechnungsposten ohne jeden Rechnungsbeleg, oder der Vermieter versucht, Rechnungen aus den Vorjahren hineinzuschummeln. Auch wenn der Vermieter versucht, dem Mieter nicht umlagefähige Betriebskosten in Rechnung zu stellen, offenbart sich dies meist erst durch eine Belegeinsicht.

Projekt mietfrei wohnen – die Mietminderung

Von der »Geiz ist geil«-Mentalität sind inzwischen auch viele Mieter beseelt. Bei den immer weiter steigenden Mieten müsste man doch etwas dagegen machen können, denkt sich so mancher. Die Lösung sieht man dann sehr häufig in einer Mietminderung. Mängel, die man als Gründe dafür anführt, sind schnell ge- bzw. erfunden und werden dann mit Mietminderungstabellen abgeglichen.

Doch die Mieter irren sich hier gleich in doppelter Hinsicht: Nicht jede Bagatelle berechtigt zur Mietminderung; und auch bei echten Mängeln sind die von den Gerichten zuerkannten Minderungsquoten oft erstaunlich niedrig.

Kann die Minderung der Mietzahlung im Mietvertrag ausgeschlossen werden?

»Eine Minderung der Miete ist ausgeschlossen« – so steht es manchmal im Mietvertrag.

Fakt ist jedoch: Eine Klausel, die das Mietminderungsrecht des Mieters ausschließt, ist gemäß § 536 Abs. 4 BGB unwirksam und nichtig.

Eine Mietminderung muss man sich vom Vermieter genehmigen lassen?

Erstaunlich viele Mieter gehen davon aus, der Vermieter müsse die geforderte Mietminderung genehmigen bzw. dieser zustimmen. Das ist falsch. Der Mieter kann seine Mietminderung einseitig geltend machen und dann entsprechend weniger Miete zahlen. Ob der Vermieter die Minderung akzeptiert oder nicht, ist unerheblich. Der Mietzins ist von Gesetzes wegen herabgesetzt, die Regelung dazu findet sich in § 536 BGB.

Kann der Mieter die Miete ohne Weiteres kürzen?

Ein häufiger Irrglaube von Mietern ist, sie seien berechtigt, bei Mängeln die Miete ohne Weiteres zu kürzen. Dem ist nicht so. Zeigt sich im Laufe der Mietzeit ein Mangel der Mietsache, so hat der Mieter dies dem Vermieter nach § 536c Abs. 1 BGB unverzüglich anzuzeigen. Ohne eine solche Mängelanzeige steht dem Mieter kein Recht zur Minderung zu. Denn wenn der Vermieter keine Kenntnis von einem Mangel hat, kann er dem auch nicht abhelfen. Allerdings hat der Mieter mit dem Zugang der Mängelanzeige beim Vermieter alles Erforderliche getan. Er muss nicht abwarten, ob der Vermieter ihr zustimmt, sondern kann die Miete gleich mindern.

Wann ist eine Mietminderung ausgeschlossen?

Eine Mietminderung ist nicht möglich, wenn es sich nur um eine unerhebliche Beeinträchtigung handelt. Dazu zählt zum Beispiel eine defekte Glühbirne im Treppenhaus, eine defekte Steckdose oder der Ausfall der Heizung im Sommer.

Ausgeschlossen ist eine Mietminderung gemäß § 536 b BGB weiter, wenn dem Mieter der Mangel bei Abschluss des Mietvertrages bereits bekannt war. Wer beispielsweise eine Wohnung in direkter Nachbarschaft einer Großbaustelle mietet, kann sich später nicht über Baulärm beschweren.

Das Minderungsrecht geht durch die vorbehaltlose Weiterzahlung der vollen Miete ebenfalls verloren. Der Vermieter kann dann nämlich davon ausgehen, dass der Mieter sein Minderungsrecht nicht ausübt. Der Vermieter kann nichts dafür, wenn ein Mieter zu lange braucht, um sich über einen Mangel klar zu werden. Allerdings könnte der Mieter bei Weiterbestehen des Mangels – also etwa der lärmenden Baustelle – die Miete ab dem Zeitpunkt seiner Beschwerde für die Zukunft mindern; eine rückwirkende Minderung ist jedoch nicht möglich.

Wenn der Vermieter nichts für den Mangel kann, gibt es dann keine Mietminderung?

Doch, die gibt es. Für die Mietminderung ist ausschließlich die Nutzungsmöglichkeit der Wohnung entscheidend und inwieweit diese beeinträchtigt ist. Es spielt dabei keine Rolle, ob der Vermieter für den Mangel verantwortlich ist oder ob er auf diesen keinen Einfluss hat. Deswegen kann der Mieter zum Beispiel auch bei Baulärm in der Nachbarschaft mindern.

Kann der Mieter bei Mängeln mietfrei wohnen?

Bewaffnet mit Notizblock und Stift, geht so mancher Mieter durch seine Wohnung und listet penibel jeden noch so kleinen Mangel auf. Anschließend konsultiert er die einschlägigen Mietminderungstabellen im Internet. Die Einzelwerte großzügig aufaddiert, kommt er auf über 100 Prozent Mietminderung.

Eigentlich müsste er noch Geld dafür bekommen, dass er diese Bruchbude bewohnt, schleudert er dem Vermieter entgegen.

Das »Projekt mietfrei wohnen« begegnet einem als Richter gar nicht so selten. Doch der Mieter irrt. Denn nur erhebliche Mängel berechtigen zur Minderung. Nach § 536 BGB darf die Miete ausschließlich dann vollständig einbehalten werden, wenn das Mietobjekt nicht mehr bewohnbar ist, der vertragsgemäße Gebrauch also als aufgehoben gilt. Das wäre etwa dann der Fall, wenn es zu erheblicher Gesundheitsgefährdung durch Schimmelpilzsporen oder Heizungsausfall im Winter kommt.

Ist die Mietminderung auch rückwirkend möglich?

Mieter wollen im Nachhinein ihre Mietminderung am liebsten seit ihrem Einzug geltend machen. Der Schimmel wird auch schon damals da gewesen sein, obwohl man ihn erst Jahre später entdeckt hat, mutmaßen sie dann zum Beispiel.

Doch eine rückwirkende Mietminderung ist in der Regel nicht möglich. Denn grundsätzlich ist eine solche erst ab dem Zeitpunkt möglich, zu dem der Mieter den Mangel seinem Vermieter angezeigt hat. Dies ergibt sich aus § 536c BGB. Der Vermieter kann keine Mängel beheben, von denen er nichts weiß. Ausnahmen sind dann möglich, wenn der Vermieter den Mangel bewusst gegenüber dem Mieter verschleiert hat. In diesem Fall könnte der Mieter den Mietvertrag sogar wegen arglistiger Täuschung anfechten.

Wie berechne ich die Mietminderung?

Ausgangspunkt ist die Bruttomiete, also die Miete mitsamt allen Nebenkosten (auch Warmmiete genannt). Nach § 536 Abs. 1 S. 2 BGB ist bei Mängeln nur eine angemessen herabgesetzte Miete zu entrichten. Dabei richtet sich die Höhe der Mietminderung nach dem Umfang und der Dauer der Wohnwertbeeinträchtigungen. Je stärker und je länger sich die Mängel auswirken, desto mehr darf die Miete gekürzt werden. Berücksichtigt werden muss zum Beispiel, ob die ganze Wohnung von einem Mangel betroffen ist oder nur einzelne Räume. So würde etwa ein Mangel im Wohnzimmer mehr zählen als einer im Gäste-WC. Weiter ist die Dauer entscheidend: Lag der Mangel den ganzen Monat oder nur drei Tage vor?

Eine erste Orientierungshilfe können Mietminderungstabellen bieten, allerdings sind deren Werte nicht verbindlich. Jedes Gericht entscheidet letztlich nach eigenem Ermessen. Auch sind die Sachverhalte nicht immer vergleichbar.

Gibt es eine offizielle Mietminderungstabelle?

Leider nein. Mietminderungstabellen beruhen auf der Auswertung von Gerichtsurteilen, die Anhaltspunkte zur prozentualen Minderung geben. Die Urteile werden in inoffiziellen Minderungstabellen, die sich zahlreich im Internet oder auch als Buch finden lassen, zusammenfassend dargestellt.

Sie sind mit Vorsicht zu genießen. Die zitierten Urteile geben immer nur die Minderung in einem konkreten Einzelfall wieder. Dieser ist womöglich gar nicht vergleichbar mit demjenigen des Mieters. Eine weitere Fehlermöglichkeit ergibt sich aus der Auswahl der in der Tabelle berücksichtigten Urteile. Ein Mieterschutzbund wird vor allem Fälle auswählen, in dem die Mieter Recht bekommen haben. Ein Verband der Haus- und Grundeigentümer hingegen wird Urteile bevorzugen, in denen Vermieter gesiegt haben.

Darf ich die Miete mindern, wenn die Wohnung zu klein ist?

Ein beliebter Trick von Vermietern zur Maximierung der Miete ist, bei der Wohnungsgröße zu mogeln. Denn je mehr Quadratmeter eine Wohnung hat, desto teurer kann sie vermietet werden. Wird die Wohnungsgröße im Mietvertrag konkret beziffert und ist dann aber tatsächlich kleiner als angegeben, kann die Miete gekürzt werden.

Viele Vermieter versuchen, Mietminderungen bei falscher Wohnungsgröße dadurch auszuschließen, dass sie diese im Mietvertrag nur ungefähr beziffern (»ca.«). Der Bundesgerichtshof hat für solche Fälle die Zehnprozentregel entwickelt[1]: Der Mieter muss es hinnehmen, wenn die tatsächliche Wohnfläche um nicht mehr als zehn Prozent kleiner ist als im Mietvertrag angegeben. Ab zehn Prozent Abweichung darf er die Miete mindern.

Mietminderung wegen Späher-Ameisen?

Ein Mieter protokollierte akribisch die Ameisen in seiner Wohnung. Es traten im Juni an insgesamt sieben Tagen jeweils eine bzw. zwei Ameisen auf, im Juli an drei Tagen jeweils eine bzw. zwei Ameisen, im August lediglich an zwei Tagen, im September an einem Tag zwei und an einem Tag drei Ameisen, im Oktober an einem Tag vier Ameisen und im November an drei Tagen jeweils eine Ameise.

Daraufhin minderte er die Miete. Es mögen nur vereinzelte Ameisen gewesen sein, doch es handelte sich, wie er angab, um »Späher-Ameisen«, die die »Vorhut für eine Besiedlung« seiner Wohnung bilden würden.

Das Amtsgericht Köln lehnte eine Mietminderung ab.[2] Die

vereinzelten Ameisen stellten in seinen Augen nur eine unerhebliche Beeinträchtigung des vertragsgemäßen Gebrauchs dar. Auch die vom Mieter befürchtete zukünftige Ameiseninvasion überzeugte das Gericht nicht. Solange diese nicht konkret eingetreten sei, sei der vertragsgemäße Gebrauch der Wohnung nicht beeinträchtigt.

Kann der Mieter wegen Bettwanzen mindern?

Die Wohnung eines Mieters war von kleinen nachtaktiven Blutsaugern befallen, weshalb er die Miete minderte. Der Vermieter warf ihm daraufhin vor, zu wenig auf Hygiene zu achten. Der Streit landete beim Amtsgericht Stuttgart, das zunächst einmal einen Sachverständigen mit der Ursachenforschung beauftragte.[3] Laut diesem Gutachten würden Bettwanzen am häufigsten mit Taschen, Gepäckstücken oder gebrauchten Gegenständen in die Wohnungen »eingeschleppt«. So sei es mit Sicherheit auch im konkreten Fall gewesen – mit unzulänglicher Reinigung der Wohnung habe das nichts zu tun, erklärte der Sachverständige.

Das Amtsgericht gab daher dem Mieter recht: Der Wanzenbefall sei nicht auf sein Fehlverhalten zurückzuführen. Offenbar könne man als Mieter solch ein Einschleppen von Bettwanzen gar nicht verhindern – Sachen mit in die Wohnung zu bringen gehörte unzweifelhaft zum üblichen Gebrauch einer Mietsache. Wenn also trotz des vertragsgemäßen Verhaltens des Mieters Wanzen die Räume heimsuchten, stelle der Befall einen Mietmangel dar – auch wenn der Vermieter dafür ebenfalls keine Verantwortung trage. Der Mieter könne daher die Bruttomiete um 60 Prozent mindern.

Kann man wegen streitender Nachbarn
die Miete kürzen?

Wer in einem Mehrfamilienhaus wohnt, nimmt ungewollt am Familienleben seiner Nachbarn teil, auch an deren Streitereien. Das Landgericht Berlin hatte die Frage zu beantworten, ob die Miete wegen streitender Nachbarn gemindert werden kann.[4]

Das Gericht differenzierte nach der Häufigkeit. Geräusche in Form von Streiten, Schreien und Türenknallen entsprächen grundsätzlich der üblichen Nutzung einer Wohnung und müssten hingenommen werden. Träten derartige Geräusche jedoch nicht bloß gelegentlich, sondern ständig auf und seien nahezu täglich Störungen zu verzeichnen, die auch nicht nur vereinzelt bereits vor 6 Uhr und häufig auch nach 22 Uhr, teilweise auch noch nach Mitternacht auftreten, so stelle dies einen Mietmangel dar, der zu einer Minderung der Miete um zehn Prozent berechtigt.

Mietminderung wegen »Stehpinkeln«?

Mieter kürzten die Miete, weil das Urinstrahlgeräusch aus der Wohnung über ihnen bis in ihr Wohnzimmer zu hören war. Ein Sachverständiger stellte fest, dass zwar nicht sämtliche Toilettengeräusche aus der Nachbarwohnung laut hörbar waren, das Uriniergeräusch eines »Stehpinklers« aber akustisch sehr deutlich vernehmbar war. Das Landgericht Berlin befand, solche sehr penetranten und unangenehmen Geräusche sollten im Wohnzimmer nicht auftreten,[5] immerhin werde dieser Bereich auch für die Einnahme von Speisen und den Empfang von Gästen genutzt. Daher hielt die Kammer diese Beeinträchtigung für so gravierend, dass dem Mieter ein Mietminderungsrecht von zehn Prozent zustand.

Anders sah das Amtsgericht Wuppertal das Problem des Stehpinkelns – es wies eine Unterlassungsklage der Nachbarn gegen den über ihnen Wohnenden ab.[6] Letztlich sei die Toiletenbenutzung zwangsläufig mit einer Geräuschentwicklung verbunden. Wer wolle entscheiden, was insoweit normal und was zu laut sei? Menschen, die in einem hellhörigen Haus miteinander wohnten, müssten diesen Umstand mit Gelassenheit ertragen. Er könne nicht dazu führen, dass einzelnen Mitbewohnern bis in intimste Lebensbereiche hinein Vorschriften gemacht würden.

Kürzung, wenn der Nachbar stinkt?

Der Nachbar war alt, krank und trug Windeln. Mieter im Stock darüber minderten die Miete, weil es aus der Wohnung unter ihnen nach Zersetzungsprozessen menschlicher Ausscheidungen sowie nach organischem Hausmüll roch. Im Treppenhaus, gaben sie an, müssten sie sich Tücher vor Mund und Nase halten.

Das Amtsgericht Charlottenburg gab den Mietern recht.[7] Dringen aus der Wohnung eines alten, kranken Mieters in einem Mehrfamilienhaus üble Gerüche, die sich im Treppenhaus verbreiten und bis in die Diele der darüber gelegenen Wohnung ziehen, so steht den Mietern der betroffenen Wohnung ein Minderungsrecht in Höhe von zehn Prozent der Gesamtmiete zu. Eine höhere Minderungsquote erscheint nicht angemessen, da sowohl die allgemeine wie auch die nachbarliche Rücksichtnahme auf die Schwächen und Gebrechen eines alternden Mitmenschen eine erhöhte Toleranz gebieten.

Kann ich bei Hitze die Miete mindern?

Im Sommer heizen sich Wohnungen schnell auf, vor allem im Dachgeschoss. Kommt dann eine Mietminderung infrage? Für die Außentemperaturen kann der Vermieter schließlich nichts.

Es gibt keine gesetzliche Regelung, die bestimmt, ab welcher Innenraumtemperatur ein Mangel der Mietwohnung vorliegt. Die Rechtsprechung hat hierzu auch noch keine klare Linie entwickelt. Das Amtsgericht Leipzig entschied beispielsweise, in einer Dachgeschosswohnung müsse der Mieter damit rechnen, dass es im Sommer heiß werden könne – eine Mietminderung sei aus diesem Grund nicht gerechtfertigt.[8] Das Amtsgericht Hamburg sprach dagegen einem Dachgeschossmieter einen Anspruch auf 20 Prozent Mietminderung wegen Hitze zu.[9] Tagsüber wurde es in der Wohnung bei Sommerhitze über 30 Grad warm, auch nachts sanken die Temperaturen nicht unter 25 Grad. Entscheidend war hier, dass der Wärmeschutz des Hauses nicht dem Stand der Technik entsprach, der für die Neubauwohnung vorgeschrieben war. Es handelte sich also um einen Sachmangel, der vom Vermieter zu vertreten war.

Weniger Miete, wenn der Nachbar Schlagzeug spielt?

Der Sohn des Nachbarn spielte Schlagzeug und E-Gitarre. Damit beschallte er das Mehrfamilienhaus. Ein Mieter machte deswegen eine Mietminderung geltend.

Das Landgericht Berlin urteilte zu seinen Gunsten.[10] In einem Mehrfamilienhaus verletzt das Üben und Spielen von Elektrogitarre und Schlagzeug unter Einsatz eines Verstärkers zur Mittagszeit und abends nach 20 Uhr die durch die Hausordnung und das Gebot der Rücksichtnahme gezogenen Grenzen und beeinträchtigt daher den Mietgebrauch der Mitmieter erheblich. Die aufgrund dieser Lärmbelästigung gemäß § 536 Abs. 1 BGB eingetretene Mietminderung ist mit fünf Prozent der Bruttomiete anzusetzen.

Mangel durch zu leise Klingel?

Mieter machten eine Mietminderung wegen einer zu leisen Klingel geltend. Der Richter begab sich zur Durchführung eines Ortstermins zu der Wohnung, klingelte – und es wurde ihm geöffnet. Das Amtsgericht Büdingen erkannte die Mietminderung daraufhin nicht an.[11] Nach der richterlichen Hörprobe erschien die vorhandene Klingel ausreichend dimensioniert. In diesem Zusammenhang bleibt es den Beklagten unbenommen, eine lautere Klingel selbst anzubringen, falls sie diese wünschen. Die vorhandene Klingel jedoch war voll funktionsfähig.

Mietkürzung wegen Voyeurismus?

Der Kläger mietete ein Zimmer in einer Studenten-WG. Eines Tages stellte er fest, dass der Spiegel im Badezimmer der Wohnung durchsichtig war. Daraufhin verständigte er die Polizei. Bei näherer Überprüfung stellte man fest, dass es sich um einen Venezianischen Spiegel handelte, der es ermöglichte, von einem für die Mitbewohner unzugänglichen Raum aus das Geschehen im Gemeinschaftsbad unbemerkt zu beobachten. Der Spiegel war fest mit der Mauer verbunden. Hinter dem Spiegel konnte ein kleiner Mauerdurchbruch ausgemacht werden. In dem hinter dem Venezianischen Spiegel befindlichen Abstellraum wurden bei der polizeilichen Durchsuchung diverse Hefte pornografischen Inhalts gefunden. Weiterhin befanden sich dort Videokassetten mit pornografischem Inhalt.

Nachdem der Kläger vom Vorhandensein des Spiegels Kenntnis hatte, kündigte er das Mietverhältnis fristlos und verlangte auch den gezahlten Mietzins zurück, da er der Meinung war, dass durch das Vorhandensein des Venezianischen Spiegels der Mietzins auf null zu mindern sei.

Das Amtsgericht München gab dem Kläger recht.[12] Durch die Anbringung eines Venezianischen Spiegels im Bad seien die Intimsphäre und das Persönlichkeitsrecht des Klägers massiv gestört worden. Durch die Schaffung einer Beobachtungsmöglichkeit war es dem Kläger nicht zuzumuten, das Bad zu benutzen, da er jederzeit damit rechnen musste, heimlich beobachtet zu werden. Auch der gezahlte Mietzins sei zurückzuzahlen, da von einer hundertprozentigen Mietminderung auszugehen sei. Durch den Einbau des Spiegels sei eine massive Beeinträchtigung des Persönlichkeitsrechts des Mieters entstanden. Das in der Wohnung befindliche Bad sei nicht nutzbar und damit wertlos gewesen. Dies schlage auf die gesamte Wohnung durch, da eine Wohnung ohne benutzbares Bad für den Kläger wertlos sei.

Weniger Miete wegen Mord in der Nachbarwohnung?

Ein Hausbewohner hatte in einer Nachbarwohnung einen brutalen Mord begangen und die Wohnung zur Verdeckung des Verbrechens in Brand gesetzt. Eine Mieterin litt danach unter Angstzuständen und minderte die Miete.

Das Amtsgericht Tiergarten sprach ihr eine Mietminderung von 15 Prozent zu.[13] Zur Begründung führte es aus, dass der Mord bei der als Nachbarin betroffenen redlichen Mieterin Gefühle der Angst und der Unsicherheit hervorgerufen habe. Dafür habe auch die Klägerin als Wohnungsvermieterin mit einzustehen, denn die Auswahl ihrer Mieter und damit die Schaffung eines sozial verträglichen Wohnumfeldes auf dem Grundstück oblag ihr allein, während es der Beklagten als Mieterin eben nicht möglich war, sich ihre Nachbarn und Mitbewohner im Haus selbst auszusuchen.

Mietminderung wegen Urinpfützen im Hauseingang?

Der Hauseingang eines Mietshauses wurde regelmäßig als »Toilette« missbraucht. Ein Mieter beschwerte sich und kürzte die Miete um sieben Prozent.

Das Amtsgericht Berlin-Mitte verkannte nicht, dass Urinpfützen, zumal wenn sie die Größe einer Lache erreichen, ekelerregend aufgrund ihres Anblicks und insbesondere des damit verbundenen durchdringenden Geruchs sind.[14] Ein Minderungsrecht sah es trotzdem nicht, und zwar mangels Erheblichkeit der Gebrauchsbeeinträchtigung. Der Mieter konnte jedoch einen Teil der Miete im Rahmen eines Zurückbehaltungsrechts einbehalten, um den Vermieter zur Erfüllung seiner Pflichten aus § 535 BGB anzuhalten.

Wirken Leichen im Keller mietmindernd?

Der Beklagte war langjähriger Mieter im zweiten Stock eines Wohnhauses. Das Ladengeschäft im Erdgeschoss war zunächst an eine Bank vermietet, später folgte ihr ein Bestattungshaus. Der Beklagte befürchtete, dass im Bestattungshaus Tote aufbewahrt würden. Er minderte die Miete um 49 Prozent, da der Umstand, »eine Leiche im Keller zu haben«, über das normale Maß des Tolerierbaren hinausginge. Zudem werde er beim Betreten des Wohnhauses durch das Bestattungshaus ständig mit dem Tod konfrontiert.

Der Vermieter verklagte den Mieter daraufhin auf Zahlung des rückständigen Mietzinses. Das Amtsgericht Stuttgart gab der Klage statt.[15] Die tägliche Konfrontation mit dem Tod könne dem Mieter zwar unangenehm sein, subjektive (Über-)Empfindlichkeiten seien bei der Bewertung von Minderungsrechten jedoch nicht zu berücksichtigen. Eine tatsächliche Gebrauchsbeeinträchtigung liege nicht vor.

Sind Kinder ein Übel und stellen somit einen Mietmangel dar?

Der Beklagte minderte die Miete um 25 Prozent, weil in eine Nachbarwohnung Mieter mit Kind eingezogen waren. Dabei habe ihm die Maklerin doch vor der Vermietung im Namen und mit Vollmacht des Vermieters die Zusicherung gegeben, dass »die Wohnanlage von Kindern frei gehalten werde«.

Das Amtsgericht München urteilte, dass dem Beklagten kein Recht zur Mietzinsminderung zustehe.[16] Eine Zusicherung, wie sie vom Beklagten behauptet worden sei, verstieße in grober Weise gegen die guten Sitten, sodass eine derartige Zusicherung unwirksam wäre. So, wie die angeblich abgegebene Zusicherung erfolgt sein solle, könne sie nur dahingehend verstanden werden, dass Kinder ein Übel oder einen Mangel darstellen, von der eine Mietsache frei zu halten ist. Sofern sich der Beklagte auf eine derartige Zusicherung berufe, rate das Gericht ihm, sich ein möglichst abgelegenes, frei stehendes Haus zu suchen statt eine Wohnung in einem Mehrfamilienhaus. Die Vorstellung, ein Recht auf Minderung geltend machen zu können, wenn Nachbarn mit einem Kind einziehen, sei abwegig und menschenunwürdig.

Hundebellen

Die Mieterin minderte die Miete wegen Hundegebells aus der Nachbarwohnung. Zu Unrecht, befand das Amtsgericht Hamburg.[17] Zwar könne auch das Bellen eines Hundes in der Nachbarschaft einen zur Minderung berechtigenden Mangel darstellen. Dies gelte jedoch erst dann, wenn das Hundebellen ein bestimmtes Ausmaß annehme. Dies sei dann der Fall, wenn ein Hund regelmäßig lang anhaltend laut belle, etwa weil er allein gelassen werde oder weil der Halter nicht willens oder in der Lage sei, ihn zu beruhigen.

Gleiches gelte, wenn ein Hund sehr häufig anschlagen würde, zum Beispiel auf nahezu jedes Fremdgeräusch, sodass jederzeit mit plötzlichem Gebell gerechnet werden müsse und Ruhephasen dadurch praktisch ausblieben.

Miete trotz Heizungsausfall?

Eine kalte Wohnung muss der Mieter nicht hinnehmen. Er kann verlangen, dass in seiner Wohnung mindestens 20 bis 22 Grad Celsius erreicht werden. Die Höhe der Mietminderung hängt von Ausmaß und Dauer des Heizungsausfalls ab.

Einen besonders krassen Fall hatte das Landgericht Berlin zu entscheiden.[18] Dort war die Wärmeversorgung in einem Mietshaus von Oktober bis Dezember ausgefallen. Wenn eine Wohnung jedoch während der Heizperiode kein Gas für Heizung, Herd und Warmwasser aufweist, dann ist ihr Gebrauchswert dermaßen gemindert, dass überhaupt keine Miete gezahlt werden muss.

Darf Nachbars Katze in die Wohnung eindringen?

Die Kläger bewohnten eine Erdgeschosswohnung mit Terrasse. Die Katze einer Nachbarin aus dem ersten Stock drang nahezu täglich durch geöffnete Türen und Fenster in ihre Wohnung ein und hielt sich in dieser so lange auf, bis sie vertrieben wurde.

Die Klage auf Unterlassung und Mietminderung gegen den Vermieter hatte vor dem Amtsgericht Potsdam Erfolg. Das Eindringen der nachbarschaftlichen Katze stelle ohne Zweifel eine nicht nur unerhebliche Beeinträchtigung der Kläger an der Nutzung der Wohnung dar,[19] und diese müssten die Kläger nicht dulden. Das Gericht sah in dem ungewollten Katzenbesuch eine Minderung des Wohnwerts und hielt eine Mietkürzung von zehn Prozent für angemessen.

Darf ich wegen Baulärm vom Nachbargrundstück die Miete mindern?

Grundsätzlich berechtigt Baulärm zur Mietminderung, auch wenn der Vermieter keine Schuld daran trägt. Baulärm ist Gegenstand vieler Gerichtsentscheidungen. Alle sind einzelfallbedingt, sodass es maßgeblich auf die Umstände und die zeitlichen und örtlichen Gegebenheiten ankommt. Eine pauschale Minderungsquote gibt es nicht. Das Amtsgericht Darmstadt etwa bewilligte eine Mietminderung von 25 Prozent für den Lärm, den der Neubau eines Hochhauses auf dem Nachbargrundstück verursachte.[20] Bei erheblichen Beeinträchtigungen durch eine Großbaustelle können sogar 35 Prozent Minderung gerechtfertigt sein.[21]

Geld zurück bei schnarchendem Nachbarn?

Die Klägerin mietete eine Wohnung in einem Altbau. Kurz nach ihrem Einzug hörte sie laute Schnarchgeräusche aus der darunterliegenden Wohnung. Diese seien so laut, dass sie nicht schlafen könne, beschwerte sie sich. Sie kündigte den Mietvertrag fristlos, zog aus und verklagte den Vermieter auf die Umzugskosten und Rückzahlung der bereits entrichteten Miete.

Das Amtsgericht Bonn wies die Klage ab.[22] Es könne vom Mieter nicht vorausgesetzt werden, dass keinerlei Wohngeräusche der Nachbarn in ihre Wohnung dringen. Gewisse Lärmbelästigungen seien aufgrund des Zusammenlebens in einem Mehrfamilienhaus unvermeidbar.

Muss sich ein Klavierspieler das Klopfen der Mitmieter gefallen lassen?

Ein Mieter spielte ausgiebig und mit belästigender Lautstärke Klavier. Ein anderer Mieter desselben Mietshauses war davon wenig begeistert und revanchierte sich, indem er gegen die Heizungsrohre schlug. Ausgerechnet der Klavierspieler nahm nun diese begleitenden Klopfgeräusche zum Anlass, die Miete zu mindern. Er vertrat die Ansicht, ihm werde durch Mitmieter, die sein Klavierspiel mit solchem Klopfen störten, das Recht genommen, in seiner Wohnung musizieren zu dürfen. Deshalb sei er zur Minderung berechtigt.

Das Amtsgericht Tiergarten ließ das Klopfen jedoch nicht als Mangel gelten.[23] Führe der Mieter solch eine Lärmstörung selbst herbei, indem er – von den Mitbewohnern des Mietshauses nicht zu duldende – Hausmusik ausübt, so habe er die entsprechende Reaktion seiner Umgebung gewissermaßen als berechtigte Meinungskundgaben hinzunehmen, die durchaus ebenfalls in einer Lärmverursachung bestehen könne.

Bordell im Haus – Mietminderung?

Allein das bloße Vorhandensein eines Bordells im Haus stellt eine Einschränkung des Gebrauchs der Mietwohnung dar, die eine Basisminderung von zehn Prozent rechtfertigt.[24] Kommt es über die reine Existenz des Bordells hinaus zu Störungen, können diese eine zusätzliche Minderung rechtfertigen, etwa dann, wenn man regelmäßig »sexuell unausgelasteten« Männern im Treppenhaus begegnet. Kommt es durch ständiges Klingeln in der betreffenden Wohnung (oft im Halbstundenrhythmus bis spät in die Nacht hinein) und im Haus herumirrende Besucher zu erheblichen Störungen der Nachbarmieter, berechtigt dies sogar zu einer Mietminderung von 20 Prozent der Bruttomiete.[25]

Wenn feuchte Wände und Schimmelflecken auftreten, lüftet der Mieter dann grundsätzlich zu wenig?

Das jedenfalls wollen Vermieter ihren Mietern weismachen: Wenn der Mieter Schimmel in seiner Wohnung meldet, wird er schnell vom Vermieter mit der Begründung abgewimmelt, er solle doch einfach mehr lüften.

Richtig ist, dass die Ursache für Schimmel in der Wohnung entweder auf Baumängeln oder auf dem Lüftungs- und Heizverhalten des Bewohners beruht. Bei Baumängeln geht es häufig um Kältebrücken, durch die das entsprechende Bauteil schneller auskühlt; an jener Stelle kondensiert die in der Raumluft enthaltene Feuchtigkeit, und in der Folge bilden sich Schimmelpilze.

Es gibt keine Erfahrungstatsache, nach der überwiegend Baumängel oder aber Lüftungsdefizite die Ursache für Schimmel sind. Wer also daran schuld ist, lässt sich meist nur durch Einholung eines teuren Sachverständigengutachtens klären. Auf dessen Kosten in vierstelliger Höhe bleibt dann die unterlegene Partei sitzen. Einen »Schimmel-Prozess« zu führen ist für beide Parteien, sofern sie nicht rechtsschutzversichert sind, so gesehen riskant.

Nachlass wegen Graffiti?

Jugendliche Sprayer sehen sich gerne als Künstler; andere halten das Anbringen von schrecklich bunten Schriftzügen und Bildern an Hauswänden für schlichten Vandalismus. Ein großflächig mit Graffiti verziertes Haus kann schnell verwahrlost wirken.

In der Rechtsprechung ist nicht einheitlich entschieden, ob der Mieter deswegen eine Mietminderung geltend machen kann. Das Amtsgericht Leipzig zum Beispiel hat einem Mieter eine Mietminderung mit der Begründung verweigert, es handele sich bei dem von ihm bewohnten Mietshaus um keine Luxusimmobilie.[26] Dagegen hat das Landgericht Osnabrück eine Minderung in so einem Fall bejaht.[27]

Entscheidend ist, ob die Graffiti ortsüblich (also in der jeweiligen Wohngegend generell anzutreffen) sind oder nicht. Überschreiten sie das Maß des Ortsüblichen, stellt der schlechte Gesamteindruck des Hauses eine Beeinträchtigung des Mietgebrauchs dar, da die Mieter, die sich in ihrer Wohnung und in ihrem Haus wohlfühlen wollen, diesem negativen Anblick jeden Tag ausgesetzt sind.[28]

Droht bei zu hoher Mietminderung die Kündigung?

Manche Mieter gehen bei der Berechnung ihrer Minderung recht großzügig vor. Das Risiko aber, ob die Minderung eventuell zu hoch ist, trägt allein der Mieter. Es besteht die Gefahr einer fristlosen Kündigung, wenn durch eine zu hohe Minderung Zahlungsrückstände in Höhe von zwei Monatsmieten oder mehr entstehen. Wie hoch die Miete gemindert werden kann, entscheidet letztendlich das Gericht durch eine Schätzung, die kaum sicher prognostiziert werden kann.

Wer sich als Mieter der Kündigungsgefahr nicht aussetzen will, könnte alternativ dazu die volle Miete weiterzahlen, aber unter dem Vorbehalt der Rückforderung. Er muss hierzu den Vermieter darauf hinweisen, die Miete aufgrund eines bestehenden Mangels nur unter Vorbehalt zu zahlen. Steht später fest, ob und in welcher Höhe er tatsächlich zur Minderung der Miete berechtigt ist, kann er vom Vermieter die zu viel gezahlte Miete zurückfordern.

6

Lärmbelästigungen

Wenn Nachbarn sich gegenseitig auf die Nerven gehen, ist oft Lärm im Spiel. Über ihn bestehen viele Irrtümer. Mieter glauben, sie dürften einmal im Monat hemmungslos feiern, während manche Nachbarn Zimmerlautstärke so verstehen, dass man außerhalb des jeweils eigenen Zimmers eigentlich gar nichts hören dürfte.

Eine Party pro Monat?

Einmal im Monat darf man in der Wohnung hemmungslos feiern, wenn man die Party mit einem Zettel im Hausflur angekündigt hat – so lautet eine weitverbreitete Mär. Viele Mieter glauben, so ein Zettel gäbe ihnen einen Freibrief zu lautem Feiern.

Doch es gibt keine rechtlichen Vorgaben dazu, wie häufig Partys in Mehrfamilienhäusern erlaubt sind. Schon gar nicht gibt es das Recht, einmal im Monat die *Nachtruhe* der Nachbarn stören zu können.[1] In diesem Fall darf die Party möglicherweise gar nicht stattfinden.

Musizieren in der Mietwohnung ist nicht erlaubt?

Trompete, Klavier oder Schlagzeug können für erheblichen Unfrieden in der Hausgemeinschaft sorgen. Dass Musizieren in der

Mietwohnung nicht erlaubt ist, ist aber nur Wunschdenken von Vermietern und geplagten Nachbarn. Der Vermieter darf das häusliche Musizieren nicht grundsätzlich verbieten, hat der Bundesgerichtshof entschieden.[2] Allerdings muss der Musiker die Mittags- und Nachtruhe einhalten und darf nicht zeitlich unbegrenzt spielen – länger als zwei Stunden am Tag kann als zu lange Belästigung gelten und daher verboten werden. In einem hellhörigen Mietwohnhaus kann sogar schon nach 90 Minuten Schluss mit dem Klavierspielen sein.[3]

Lärm von Babys und Kleinkindern

Manche Vermieter, aber vor allem viele Nachbarn meinen, sie müssten den von Babys und Kleinkindern verursachten Lärm nicht dulden. Doch da liegen sie falsch. Babygeschrei und sonstiger Kinderlärm werden von den Gerichten als sozialadäquat angesehen und müssen von den anderen Mietern und auch vom Vermieter hingenommen werden. Ein kinderfreundliches Urteil des Bundesgerichtshofs[4] formuliert es so: Geräuschemissionen, die ihren Ursprung in einem altersgerecht üblichen kindlichen Verhalten haben, sind – gegebenenfalls auch unter Inkaufnahme erhöhter Grenzwerte für Lärm und entsprechender Begleiterscheinungen kindlichen Verhaltens – grundsätzlich hinzunehmen. Da die Eltern die Lautäußerungen ihrer Babys und Kleinkinder nicht unterbinden können, gelten für sie auch die Mittags- und Nachtruhe nicht.

Die Wohnung ist kein Sportplatz – oder?

Auch das Sporttreiben in der Wohnung kann Nachbarn stören. Wer seine Work-out-Musik bis zum Anschlag aufdreht und dazu springt, hüpft oder die Langhantel aufs Parkett knallen lässt, macht sich schnell des ruhestörenden Lärms schuldig. Empfehlenswerter für Mehrparteienhäuser sind Sportarten, die keinen Krach machen, etwa Yoga, Pilates oder Schachspielen.

Ist nach 22 Uhr Duschen und Baden verboten?

Viele Vermieter glauben, die Nachtruhe gelte auch für Duschen und Baden. Deshalb verbieten sie solches in der Hausordnung.

Das ist nicht rechtens – auch nachts darf geduscht und gebadet werden. Ein generelles Verbot für nächtliches Duschen und Baden durch den Vermieter ist unzulässig. Der Mieter kann ein vorhandenes Bad grundsätzlich zu jeder Tages- und Nachtzeit benutzen.[5] Bestimmte Badezeiten lassen sich aus dem Mietgebrauch selbst nicht ableiten; entsprechende Formularklauseln sind unzulässig. Das Geräusch ein- und ablaufenden Wassers zählt zu den normalen Wohngeräuschen, die von allen Mitbewohnern jederzeit hingenommen werden müssen. Die Dauer des Duschens oder Badens darf allerdings 30 Minuten nicht überschreiten.[6]

Darf die Waschmaschine auch nachts laufen?

Das Amtsgericht Hamburg-Wandsbek hat in einem Urteil von 1988[7] die zulässigen Betriebszeiten für Waschmaschinen in Mietwohnungen akribisch festgelegt: Zur Vermeidung von Störungen dürfen sie, ebenso wie Staubsauger, zu folgenden Zeiten nicht betrieben werden: werktags von 12.30 bis 15 Uhr und von 20 bis 7 Uhr des folgenden Tages; an Sonn- und Feiertagen von 20 Uhr des vorhergehenden Abends bis 9.30 und von 12 bis 16 Uhr sowie von 18.30 bis 7 Uhr des folgenden Werktages. Fraglich ist aber, ob dies bei modernen und sehr leisen Waschmaschinen, wie sie heutzutage hergestellt werden, weiterhin gilt. Wenn der Mieter eine solche besitzt, wäre eine entsprechende Verbotsklausel unzulässig.

Wie laut darf eine Pendeluhr schlagen?

Ein Mieter stellte eine große Standuhr mit Pendel im Flur seiner Wohnung auf, die jeweils zur halben und zur vollen Stunde schlug. Die im selben Haus wohnende Vermieterin fühlte sich durch den tiefen Gong, der auch zur Nachtzeit ertönte, gestört und verbot dem Mieter die Pendeluhr – denn der Mieter missachte hiermit die Lärmschutzverordnung.

Das Amtsgericht Spandau entschied jedoch, dass der Mieter seine Pendeluhr uneingeschränkt benutzen könne.[8] Auch der Betrieb einer Uhr, die durch halbstündiges Schlagen in der Nachbarwohnung wahrnehmbar sei, gehöre zum vertragsgemäßen Gebrauch einer Mietwohnung. Pendeluhren seien seit über hundert Jahren Bestandteil vieler Haushalte, ihr Gebrauch gehe nicht über das Normale hinaus, sodass grundsätzlich kein Anlass bestehe, ihre Nutzung zu unterbinden.

Darf der Nachbar hämmern und bohren?

Heimwerken ist eines der liebsten Hobbys der Deutschen. Die einen wollen ihre Wohnung verschönern, andere wollen bzw. müssen ihre mietvertraglichen Renovierungspflichten erfüllen. Der damit verbundene Lärm muss von den übrigen Bewohnern hingenommen werden, wenn die allgemeinen Ruhezeiten eingehalten werden. Anders wäre der Fall allerdings zu beurteilen, wenn der Nachbar in seiner Wohnung eine lärmträchtige Hobbywerkstatt einrichtet und dort zum Privatvergnügen regelmäßig bohrt und sägt.

Zimmerlautstärke bedeutet, dass man außerhalb des Zimmers nichts hört?

Dieser Irrtum ist Grundlage vieler Unterlassungsklagen wegen vermeintlich zu lauter Musik oder zu lautem Fernsehen. Der lärmempfindliche Kläger glaubt, die Hörbarkeit der Musik oder des Fernsehtons müsse sich auf den Raum des Wiedergabegerätes beschränken, es dürften keine Geräusche zum Nachbarn dringen.

Dem ist nicht so, hat das Landgericht Hamburg entschieden.[9] Denn dem Mieter einer Wohnung muss eine Lautstärke möglich sein, die unter den gegebenen Umständen ein befriedigendes Hörerlebnis gestattet. Erst wenn die Lautstärke über das hinausgeht, was unter Einbeziehung der baulichen Verhältnisse nicht mehr als normales Wohngeräusch in die Nachbarwohnung dringt, wird das Maß der Zimmerlautstärke überschritten.

Rauchen und anderer Gestank

Wenn unter Mietern dicke Luft herrscht, liegt das manchmal an Tabakqualm und anderen Geruchsbelästigungen. Während manche Mieter zum Beispiel glauben, sie könnten überall im Haus uneingeschränkt rauchen, halten Vermieter und Nachbarn das Rauchen grundsätzlich für strengstens verboten.

Darf der Mieter in der Wohnung rauchen?

Rauchen in der Wohnung gehört zum vertragsgemäßen Gebrauch.[1] Das Rauchen ist durch das Grundrecht auf freie Entfaltung der Persönlichkeit nach Art. 2 Abs. 1 GG geschützt und kann nicht ohne Weiteres eingeschränkt werden.[2] Als Konsequenz freier Willensentscheidung ist es als Teil sozialadäquaten Verhaltens zumindest in der vom Mieter bewohnten Wohnung hinzunehmen.

Wird Kettenrauchern kurzer Prozess gemacht?

Nein, tatsächlich dauerte ein berühmter Raucherprozess drei Jahre. Einem 75-jährigen Kettenraucher in einer Zweizimmerwohnung in Düsseldorf wurde im März 2013 von seiner Vermieterin gekündigt mit der Begründung, der Rauch würde Nachbarn belästigen und die Wohnung beschädigen. Seine

Wohnungstür sei inzwischen von außen braun verfärbt, sein Rauch verpeste das Treppenhaus.

Im März 2014, mithin ein Jahr später, bestätigte das Amtsgericht Düsseldorf die Wirksamkeit der Kündigung.[3] Die Berufung des Mieters vor dem Landgericht Düsseldorf blieb erfolglos.[4] Die zweite Instanz wertete es als schwerwiegenden Pflichtverstoß, dass der Mann seine Aschenbecher nicht geleert und seine Wohnung über den Flur gelüftet hatte. Der Bundesgerichtshof hob im Februar 2015 das Berufungsurteil jedoch auf und verwies den Rechtsstreit zurück an das Landgericht.[5] So befasste sich das Landgericht Düsseldorf erneut mit dem Fall und wies diesmal die Räumungsklage mit Urteil vom 28. 09. 2016 ab.[6] Nach Beweisaufnahme beurteilte es den Zigarettenrauch im Treppenhaus als nicht mehr so gravierend, dass er eine fristlose Kündigung rechtfertigte. Der Kettenraucher konnte nach einem langjährigen Prozess in seiner Wohnung bleiben und weiterrauchen.

Kann ich meinem Nachbarn das Rauchen auf dem Balkon verbieten?

Die vom Balkon eines Mieters ausgehenden Rauchwolken vermiesen anderen Mietern häufig den Aufenthalt auf ihrem Balkon. Ein Fall aus Brandenburg ging bis zum Bundesgerichtshof.[7] Dieser wog die Rechtspositionen beider Mieter sorgfältig ab: Rauchen in der Wohnung gehört einerseits zum vertragsgemäßen Gebrauch einer Mietwohnung, andererseits hatte der klagende Mieter auch einen Abwehranspruch, nämlich auf eine von Tabakrauch nicht gestörte Nutzung seiner Wohnung.

Die salomonische Lösung des Bundesgerichtshofs bestand in einem Zeitplan fürs Rauchen auf dem Balkon. Nunmehr durfte nur noch von 7 bis 8 Uhr morgens geraucht werden sowie von

10 bis 11 Uhr am Vormittag, von 13 bis 15 Uhr mittags, von 17 bis 19 Uhr am Nachmittag und abends von 20 bis 23 Uhr.

Also: Verbieten kann ich meinem Nachbarn das Rauchen auf dem Balkon nicht, wohl aber verlangen, dass er nur nach einem Stundenplan raucht.

Rauchen im Treppenhaus ist erlaubt

Wenn man keinen Balkon hat und nicht vor die Haustür will, darf man auch im Treppenhaus rauchen – glauben jedenfalls viele rauchende Mieter. Das ist allerdings ein Irrtum, denn in den Hausordnungen steht meist, dass das Rauchen auf Gemeinschaftsflächen wie Treppenhaus und Keller verboten ist. Der Vermieter darf dieses Rauchverbot verhängen, denn das Treppenhaus gehört nicht zur mitvermieteten Fläche.

Müssen Raucher für Nikotinspuren in der Wohnung Schadensersatz zahlen?

Viele Mieter glauben, sie müssten ihre Raucherspuren nach Auszug beseitigen. Dies gilt aber nur in extremen Ausnahmefällen, denn in der Regel gehört auch starkes Rauchen noch zum vertragsgemäßen Gebrauch der Mietwohnung.[8] Erst wenn normales Streichen oder Tapezieren nicht ausreicht, muss der Mieter Schadensersatz zahlen.

Das Amtsgericht Brandenburg billigte einem Vermieter einen solchen Schadensersatz wegen exzessiven Rauchens zu, weil Türrahmen, Türblätter und Türzargen bei Beendigung des Mietverhältnisses stark vergilbt waren.[9] Die gelblichen Verfärbungen waren nur nach vorherigem Abschleifen mit mehrmaligem Anstrich zu beseitigen. Dabei waren die Mieter erst ein Jahr zuvor in die frisch renovierte Wohnung eingezogen.

Kann der Vermieter die Verbreitung von Essensgeruch im Treppenhaus verbieten?

Ein Vermieter wollte per Klage einem Mieter verbieten, im Treppenhaus des Hauses Essensgeruch zu verbreiten. Das Amtsgericht Hamburg-Harburg wies die Klage ab.[10] Die Verbreitung von Gerüchen im Mietshaus, die beim haushaltsüblichen Kochen entstehen, sei hinzunehmen. Kochen entspreche sozialtypischem Verhalten.

Der Hausflur als olfaktorische Todeszone

Das Landgericht Braunschweig musste sich mit Gestank und Geruch im Treppenflur eines Mietshauses beschäftigen und stellte fest, dass ein aus einer Mietwohnung dringender Gestank dort eine derart extreme Geruchsbelästigung darstellte, dass man den »Hausflur kaum noch ohne Gasmaske« betreten konnte.[11] Es gab daher der Räumungsklage der Vermieterin statt.

Kann der Geruch von Pferdesalbe zum Rauswurf führen?

Eine Vermieterin hatte ihrem 83-jährigen Mieter gekündigt, weil dieser nach Pferdesalbe roch, mit der er sich wegen seiner Gelenkprobleme einrieb – ein süßlich-moderiger Verwesungsgeruch waberte ständig durchs Treppenhaus. Der unerträgliche Geruch der Pferdesalbe hatte schon mehrere Nachbarn vertrieben; diese konnten ihre Balkone, die über der Wohnung des Rentners lagen, nicht nutzen.

Auch die 89-jährige Vermieterin selbst litt unter dem Gestank. Sie bekam Kopfschmerzen und konnte nicht mehr schlafen. Die Vermieterin bat den Mieter vergeblich, Türen und Fenster immer geschlossen zu halten. Letztlich sprach sie die Kündigung aus und verklagte ihren Mieter, der bereits seit 54 Jahren in seiner Wohnung lebte, auf Räumung der Wohnung.

Das Amtsgericht Bonn gab der Vermieterin recht und verurteilte den Mieter zur Räumung der Wohnung.[12] Die extremen Gerüche stellten eine nicht unerhebliche Vertragsverletzung dar, daher sei die Kündigung gerechtfertigt.

Ist »frühlingsfrisch« unerträglich?

Wäsche duftet nach Reinheit und, je nach verwendetem Waschmittel, nach Frühling, Meeresbrise oder Mandelblüte. Doch ein Ehepaar fühlte sich belästigt, wenn im benachbarten Mietshaus Waschtag war und dessen Wäschetrockner lief;[13] die Duftstoffe aus dem Waschmittel, die auf ihr Grundstück hinüberwehten, seien unerträglich – sie könnten sich nicht mehr im Garten aufhalten, müssten Fenster und Türen stundenlang geschlossen halten. Sie klagten daher auf Unterlassung.

Das Amtsgericht Wolfratshausen wies die Klage ab. Ein vom Gericht beauftragter Sachverständiger hatte im Nachbarhaus Probe waschen und trocknen lassen und vermochte keine Hinweise auf unangenehme Gerüche zu finden. Es wurden auch keinerlei Grenzwerte überschritten. Waschmittelgeruch ist eben kein Gestank.

8

Die Kaution

Rund um die Mietkaution rankt sich eine Reihe von Mythen. Darf der Vermieter sie schon vor Einzug verlangen und dann mit ihr machen, was er will? Darf der Mieter sie am Ende des Mietverhältnisses einfach abwohnen?

Ist der Mieter gesetzlich zur Zahlung einer Kaution verpflichtet?

Nein, gesetzliche Vorschriften über die Verpflichtung des Mieters zur Kautionszahlung existieren nicht. Die Kaution kann sich nur aus dem Mietvertrag ergeben. Allerdings wird kaum ein Vermieter einen Mietvertrag ohne die Pflicht des Mieters zur Kautionszahlung anbieten, weil er dann das Risiko, dass der Mieter die Miete nicht zahlt oder Schäden an der Wohnung verursacht, alleine tragen muss.

Wie hoch darf eine Kaution sein?

Nach § 551 Abs. 1 BGB darf die Mietsicherheit höchstens drei Monatsmieten betragen, und zwar *ohne* die Vorauszahlungsbeträge der Betriebskosten.

Muss die Kaution schon vor oder erst bei Unterzeichnung des Mietvertrages geleistet werden?

Immer öfter bestehen Vermieter auf Zahlung der Kaution vor Unterzeichnung des Mietvertrages. Die Mieter zahlen meistens aus Angst, die Wohnung sonst nicht zu bekommen. Dabei wird die erste Teilzahlung der Kaution nach § 551 Abs. 2 S. 2 BGB erst zu Beginn des Mietverhältnisses fällig.

Entsprechendes gilt für die Formulierung »Die Wohnung wird erst nach Zahlung der Kaution übergeben«, die sich in vielen Mietverträgen findet. Eine solche Regelung ist unwirksam.

Kann die Kaution in Raten gezahlt werden?

Ja. Der Mieter ist berechtigt, den Kautionsbetrag in Raten zu zahlen (§ 551 Abs. 2 BGB). Die erste Rate wird mit Beginn des Mietverhältnisses fällig, die zweite und dritte Rate muss jeweils mit den direkt nachfolgenden Mietzahlungen überwiesen werden.

Darf der Vermieter eine zusätzliche Bürgschaft verlangen?

Nein. Egal, ob sich der Vermieter für Barkaution, Bürgschaft oder ein verpfändetes Sparbuch zur Hinterlegung der Mietsicherheitsleistung entscheidet, diese darf gemäß § 551 Abs. 1 BGB höchstens drei Monatsmieten betragen. Eine zusätzliche Bürgschaft ist somit unzulässig. Der Mieter könnte eine solche Vereinbarung zwar unterzeichnen (wenn sonst der Vertrag nicht zustande käme), später dann aber die Vorlage dieser zusätzlichen Bürgschaft verweigern.

Darf der Vermieter über die Kaution frei verfügen?

Manche Vermieter glauben offenbar, sie könnten mit der Kaution des Mieters anstellen, was sie wollen. Tatsächlich aber muss der Vermieter die Barkaution getrennt von seinem Vermögen bei einem Kreditinstitut anlegen. So legt es § 551 Abs. 3 BGB fest.

Darf der Mieter die Kaution am Ende der Mietzeit »abwohnen«?

Das »Abwohnen« der Mietkaution erfreut sich großer Beliebtheit. Viele Mieter wollen die Kautionsabrechnung des Vermieters nicht abwarten oder befürchten gar, dass dieser die Kaution nicht wieder herausgeben wird – dabei ist es doch ihr Geld. Deshalb stellen sie zwei oder drei Monate vor Vertragsende die Mietzahlungen einfach ein. Sie sind der Auffassung, sie hätten dem Vermieter diese letzten Mieten ja bereits mit der Kaution gezahlt.

Beim »Abwohnen der Kaution« handelt es sich jedoch um einen weitverbreiteten Rechtsirrtum. Tatsächlich ist es unzulässig. Die Miete muss bis zum letzten Tag des Mietverhältnisses vollständig gezahlt werden. Denn die Kaution dient nicht nur der Absicherung der Miete, sondern sämtlicher Ansprüche des Vermieters. Dazu zählen neben der Miete etwa Nachzahlungen von Betriebskosten. Möglicherweise gibt der Mieter die Wohnung mit Schäden oder unterlassenen Schönheitsreparaturen zurück – auch in diesen Fällen hat der Vermieter das Recht, sich zur Zahlung der entsprechenden Kosten aus der Kaution zu bedienen.

Wer zahlt die Kaution zurück, wenn das Haus oder die Wohnung verkauft wurde?

Grundsätzlich muss der aktuelle Eigentümer die Kaution zurückzahlen – so bestimmt es § 566a BGB. Denn der Erwerber tritt in alle durch die Kautionsleistung begründeten Rechte und Pflichten ein. Dies gilt sogar dann, wenn er die Kautionssumme vom alten Vermieter gar nicht erhalten hat.

Ist die Kaution vom Vermieter direkt nach dem Auszug zurückzuzahlen?

Davon sind erstaunlich viele Mieter überzeugt. Eine neue Wohnung kostet viel Geld – neuer Vermieter, Umzugsunternehmen, Möbelhaus und Baumarkt wollen bezahlt werden. Deshalb hätten die meisten Mieter die Kaution am liebsten direkt bei der Wohnungsübergabe zurück.

Auch dies ist ein populärer Irrtum. Der Anspruch auf Rückzahlung der Kaution ist nicht sofort mit dem Ende des Mietverhältnisses fällig, denn der Zweck der Kaution ist es auch, Ansprüche des Vermieters, die erst nach dem Ende des Mietverhältnisses und der Übergabe der Mietsache bekannt werden (etwa spätere Betriebskostennachzahlungen, Ansprüche wegen Beschädigung der Mietsache, Nichtdurchführung von Schönheitsreparaturen), zu sichern. Deswegen verbleibt dem Vermieter nach Ende des Mietverhältnisses und Übergabe der Mietsache eine Prüfungs- und Überlegungsfrist. Deren Dauer ist gesetzlich nicht geregelt und richtet sich nach den Umständen des Einzelfalls. In der Regel werden dem Vermieter aber drei bis sechs Monate zugestanden.

9

Schönheitsreparaturen

Renovierungen sind ein heiß umkämpftes Thema zwischen Mietern und Vermietern. Vermieter sind der Ansicht, Mieter müssten die Wohnung frisch gestrichen und direkt weitervermietbar übergeben. Mieter indes würden am liebsten ausziehen, ohne irgendetwas zu machen.

Was sind Schönheitsreparaturen?

Es gibt eine gesetzliche Definition der Schönheitsreparaturen bei Mietwohnungen über öffentlich geförderten Wohnraum in der II. BV (»Zweite Berechnungsverordnung«). Diese Vorschrift wird auch bei frei finanziertem Wohnraum für die Auslegung des Begriffes »Schönheitsreparaturen« herangezogen.[1] § 28 Abs. 4 Satz 3 II. BV definiert Schönheitsreparaturen wie folgt:

»Schönheitsreparaturen umfassen nur das Tapezieren, Anstreichen oder Kalken der Wände und Decken, das Streichen der Fußböden und der Heizkörper einschließlich Heizrohren, der Innentüren sowie der Fenster und Außentüren von innen.«

Es handelt sich also um rein dekorative Arbeiten. Von den Schönheitsreparaturen abzugrenzen sind Instandhaltungsarbeiten, die der Vermieter durchzuführen hat. Das sind zum Beispiel das Abschleifen des Parketts, Außenanstriche von Türen und Fenstern und die Reparatur der Sanitäranlagen.

Darf der Vermieter eine Renovierung verlangen?

Grundsätzlich trägt der Vermieter die Instandhaltungspflicht – so legt es § 535 Abs. 1 S. 2 BGB fest. Aber fast in jedem Formularmietvertrag wird die Durchführung von Schönheitsreparaturen auf den Mieter abgewälzt. Wenn die Schönheitsreparaturen wirksam (also rechtlich verpflichtend) auf den Mieter übertragen wurden und fällig sind, darf der Vermieter vom Mieter eine Renovierung verlangen.

Gibt es ein neues Gesetz, nach dem Mieter nicht mehr renovieren müssen?

Das ist juristischer Unfug – es gibt kein neues Gesetz. Was Mieter hierbei meinen, ist eine Reihe von Urteilen des Bundesgerichtshofs, die Schönheitsreparaturklauseln in Mietverträgen für unwirksam erklärt hat. Auch wenn das höchste deutsche Zivilgericht reihenweise Schönheitsreparaturklauseln einkassiert hat, lässt sich daraus nicht der Schluss ziehen, der Mieter müsse überhaupt nicht mehr renovieren. Denn es gibt durchaus Mietverträge mit gültigen Klauseln.

Sind Schönheitsreparaturen in festen Zeitabständen fällig?

»Die Schönheitsreparaturen sind spätestens nach Ablauf folgender Fristen auszuführen ...« Oder: »Der Mieter hat während der Mietzeit die Schönheitsreparaturen auf seine Kosten sach- und fachgerecht auszuführen, und zwar in Küche, Bad, WC alle 3 Jahre, in den übrigen Räumen alle 5 Jahre.« So steht es im Großteil der Mietverträge. Doch die Vereinbarung starrer Fristen ist unwirksam.[2] Denn ein Mieter muss nur dann Schönheitsreparaturen durchführen, wenn der Zustand der Wohnräume es auch erfordert. Ob eine Wohnung renovierungsbedürftig ist, ist eine Tatsachenfrage, die sich nicht allein aus dem Zeitablauf ergibt. Feste Renovierungsfristen würden den Mieter deshalb unangemessen benachteiligen.

Muss beim Auszug renoviert werden?

»Der Mieter ist verpflichtet, die Mietsache renoviert zurückzugeben«, steht im Mietvertrag. Das ist eine weitere unwirksame Schönheitsreparaturklausel. Durch solch eine Klausel, mit der der Mieter verpflichtet wird, die Mieträume bei Beendigung der Mietzeit renoviert zurückzugeben, und zwar unabhängig davon, wann die letzte Schönheitsreparatur stattgefunden hat, wird der Mieter unangemessen benachteiligt.

Muss ein Mieter, der in eine unrenovierte Wohnung zieht, beim Auszug nicht mehr renovieren?

Das klingt erst einmal gerecht – ist aber dennoch ein Irrglaube. Wer eine unrenovierte Wohnung mietet und mit Malerarbeiten selbst herrichtet, macht damit »freiwillige« Arbeiten. Eine etwaige Pflicht zu Schönheitsreparaturen laut Mietvertrag wird dadurch nicht aufgehoben. Bei einer zulässigen Renovierungsklausel muss der Mieter bei Auszug also unter Umständen nochmals renovieren.

Muss der Mieter die Wohnung nach dem Auszug weiß streichen?

In der Vorstellungswelt von Vermietern gibt es nur eine mietrechtlich zulässige Wandfarbe, und die ist Weiß.

Doch da liegen sie falsch. Bei Auszug kann der Vermieter nicht vorschreiben, dass die Wohnung weiß gestrichen werden muss. Die Wohnung muss vielmehr so hinterlassen werden, dass der Vermieter sie problemlos weitervermieten kann. Demnach muss der Mieter die Farbe so auswählen, dass sie von »möglichst vielen Mietinteressenten akzeptiert wird«, so ein Urteil des Bundesgerichtshofes.[3] Das kann auch jede andere dezente Farbe sein.

Müssen Schönheitsreparaturen von einem Fachbetrieb durchgeführt werden?

»Die Arbeiten sind von einem Fachbetrieb durchzuführen«, steht in manchem Mietvertrag, wenn es um Schönheitsreparaturen geht. Doch eine derartige Klausel ist unwirksam.[4] Denn der Vermieter hat nur ein Interesse an einer fachgerechten Ausführung. Diesem wird auch durch die Ausführung der Arbeiten durch einen Laien Genüge getan, wenn sie eben fachgerecht ist. Hierzu sind viele Mieter (oder deren Verwandte oder Bekannte) durchaus selbst in der Lage. »Hobby-Qualität« reicht allerdings nicht aus.

Muss der Mieter beim Auszug alle Dübellöcher verschließen?

Eine derartige Klausel ist laut Bundesgerichtshof unwirksam, denn sie verwirklicht einseitig das Vermieterinteresse, wenn sie dem Mieter die Beseitigung von Dübeln und Bohrlöchern auch in den Fällen auferlegt, in denen ihr Anbringen zum vertragsgemäßen Gebrauch unerlässlich war.[5] Im üblichen Umfang gesetzte Bohrlöcher muss der Mieter beim Auszug nicht beseitigen. Darüber, wie viele Bohrlöcher ein Vermieter dulden muss, gehen die Auffassungen der Gerichte allerdings weit auseinander. Eine exakte Anzahl kann daher nicht genannt werden.

Welche Folgen hat eine unwirksame Schönheitsreparaturklausel?

Hat der Mieter eine unwirksame Klausel in seinem Vertrag stehen, braucht er die Schönheitsreparaturen nicht auszuführen. Ein Klassiker einer unwirksamen Klausel ist diese: »Alle drei Jahre hat der Mieter Schönheitsreparaturen in Küche und Bad durchzuführen. In allen übrigen Räumen müssen Schönheitsreparaturen im Turnus von fünf Jahren durchgeführt werden.« Der Bundesgerichtshof erklärt derart starre Quotenklauseln regelmäßig für unwirksam, weil der Renovierungsbedarf einer Wohnung weniger von der Zeit und viel stärker von deren Nutzung abhängt. Es kommt ganz auf den Mieter an, ob die Wohnung nach soundso vielen Jahren gestrichen werden muss oder ob sie noch in Ordnung ist. Per Mietvertrag darf das nicht pauschal vorgeschrieben werden. Der Mieter kann bei einer ungültigen Klausel einfach ausziehen und die Wohnung so hinterlassen, wie sie ist.

Muss das Parkett bei Auszug aussehen wie neu?

Das hätten Vermieter gern. Tatsächlich muss der ausziehende Mieter das Parkett jedoch bei Auszug nicht abschleifen. Für Schäden, die auf einer normalen Abnutzung beruhen, muss der Mieter nicht einstehen. Für kleinere Kratzer und Druckstellen haftet der Mieter nicht, denn sie entstehen zwangsläufig durch den vertragsgemäßen Gebrauch (§ 538 BGB). Ein Parkettboden wird durch die tägliche Nutzung immer Gebrauchsspuren davontragen.

Anders sieht die Sache bei größeren Beschädigungen aus. Fällt etwa dem Mieter ein größerer Gegenstand herunter und verursacht dieser eine tiefe Delle, kann der Vermieter dafür Schadensersatz verlangen.

Was passiert, wenn Mieter ausziehen, ohne Schönheitsreparaturen durchzuführen, obwohl sie dazu vertraglich verpflichtet sind?

Das kann teuer werden. Der Vermieter wird dem Mieter in der Regel eine Aufforderung zur nachträglichen Renovierung schicken und dabei eine Frist setzen. Passiert daraufhin nichts, wird der Vermieter Handwerker beauftragen und die Kosten dem Mieter in Rechnung stellen.

Häufig verzögert sich durch all dies die Neuvermietung um Monate. Der Vermieter kann daher zusätzlich zu den Renovierungskosten vom Mieter auch noch verlangen, den Mietausfallschaden zu ersetzen. Er wird dafür zunächst die Kaution einbehalten und den dadurch nicht gedeckten Schaden einklagen.

Wenn der Vermieter zweimal klingelt

Vermieter unterliegen oft der Fehleinschätzung, sie dürften jederzeit in der vermieteten Wohnung nach dem Rechten sehen, denn diese sei ja schließlich ihr Eigentum. Mieter ihrerseits glauben hingegen, sie brauchten den Vermieter überhaupt niemals hereinzulassen, denn sie hätten das Recht, in Ruhe gelassen zu werden, solange sie die Miete zahlen. Sie irren sich beide.

Der Vermieter darf jederzeit in die vermietete Wohnung?

Das ist falsch – es gibt kein gesetzliches Besichtigungsrecht. Allein der Mieter hat das Hausrecht. Eine Pflicht des Mieters, dem Vermieter – nach entsprechender Vorankündigung – den Zutritt zu seiner Wohnung zu gewähren, besteht nur dann, wenn es hierfür einen konkreten sachlichen Grund gibt.[1] Der Vermieter darf die Wohnung ohne Zustimmung des Mieters nur in absoluten Notfällen betreten, beispielsweise bei Wohnungsbränden oder Rohrbrüchen.

Darf der Vermieter alle zwei Jahre die Wohnung besichtigen?

Häufig glauben Vermieter, es sei ihr gutes Recht, alle zwei Jahre die vermietete Wohnung in Augenschein zu nehmen – sie müssten ja schließlich regelmäßig nach dem Rechten schauen. In manchen Mietverträgen ist sogar ein solches periodisches Besichtigungsrecht verankert.

Dem hat der Bundesgerichtshof einen Riegel vorgeschoben.[2] Dem Vermieter steht kein Recht zu, alle zwei Jahre die Wohnung zu kontrollieren. Der Mieter muss den Vermieter nur hereinlassen, wenn es dafür einen konkreten sachlichen Grund gibt. Denn während des Mietverhältnisses steht dem Mieter das alleinige und uneingeschränkte Gebrauchsrecht an der Wohnung zu. Er hat das Recht, in seiner Wohnung »in Ruhe gelassen zu werden«. Steht im Mietvertrag ein anlassloses Betretungsrecht des Vermieters, benachteiligt dies den Mieter unangemessen, die Klausel ist daher unwirksam.

Kann ein Vermieter im eigenen Haus Hausfriedensbruch begehen?

Wenn der Vermieter die Wohnung in Abwesenheit des Mieters oder ohne dessen Zustimmung betritt, macht er sich eines Hausfriedensbruchs gemäß § 123 StGB schuldig.

Darf man die Vermieterin vor die Tür setzen?

Eine Vermieterin vereinbarte mit dem Mieter ihres Hauses einen Termin zwecks Besichtigung neu installierter Rauchmelder. Ihr erschien die Gelegenheit günstig, das ganze Haus zu inspizieren und dazu auch die nicht mit Rauchmeldern versehenen Zimmer zu betreten. Das passte dem Mieter nicht, und er forderte sie nachdrücklich auf, das Haus zu verlassen. Die Vermieterin setzte davon unbeeindruckt ihre Besichtigung fort. Der Mieter umfasste daraufhin mit seinen Armen ihren Oberkörper und trug sie vor die Haustür. Als Reaktion kündigte die Vermieterin ihm fristlos.

Der Fall ging bis vor den Bundesgerichtshof, der die Kündigung für unwirksam erklärte.[3] Denn verabredet war, dass die Vermieterin nur die Räume mit den neuen Rauchmeldern in Augenschein nehmen sollte – mehr nicht. Indem die Vermieterin auch in andere Räume vordrang und der Aufforderung des Mieters, das Haus zu verlassen, nicht nachkam, verletzte sie sein Hausrecht. Er war deshalb im Rahmen seines Notwehrrechts gemäß § 227 BGB berechtigt, die Vermieterin vor die Tür zu setzen.

Müssen Mieter vor dem Auszug jederzeit Besichtigungen dulden?

Ein Vermieter will die Wohnung nach Kündigung schnell weitervermieten und schickt dem Mieter ständig Interessenten ins Haus. Doch bei Neuvermietung müssen Mieter keine täglichen Besichtigungen dulden. Der Vermieter ist vielmehr gehalten, Sammeltermine zu organisieren, und diese muss er mit dem Mieter abstimmen. Das Landgericht Frankfurt a. M. schränkte das Besichtigungsrecht von Interessenten folgendermaßen ein:[4] Bei Berufstätigkeit der Mieter ist an drei Werktagen pro Monat zwischen 19 und 20 Uhr eine Besichtigung vertretbar, solange sie 30 bis maximal 45 Minuten dauert und jeweils drei Tage zuvor angekündigt wurde.

Darf der Vermieter zum Zwecke der Neuvermietung Fotos machen?

Wenn die Wohnung gekündigt wurde und daraufhin neu vermietet werden soll, drängen Vermieter, Hausverwalter oder

Makler darauf, dass anlässlich eines Besichtigungstermins Fotos gemacht werden. Diese Fotos tauchen dann in Maklerexposés oder in Wohnungsanzeigen im Internet auf.

Das muss sich der Mieter nicht gefallen lassen. Der Vermieter hat keinen Anspruch darauf, nach der Kündigung des Mietvertrags die noch bewohnte Wohnung zu fotografieren, um die Bilder Mietinteressenten präsentieren zu können.[5] Denn das würde einen erheblichen Eingriff in die grundrechtlich geschützte Privatsphäre der Mieter darstellen, den diese nicht hinnehmen müssen.

Muss man den Heizungsableser immer reinlassen?

Wer kennt das nicht: Nach einem langen Arbeitstag findet man im Briefkasten eine Benachrichtigungskarte. Der Ableser kündigt sein Kommen in drei Tagen an, natürlich zu einer unpassenden Uhrzeit.

Eine Ankündigungsfrist von drei Tagen ist auf jeden Fall zu kurz. Der Vermieter muss dafür Sorge tragen, dass der Mieter so rechtzeitig über den Zeitpunkt der Ablesung informiert wird, dass er organisieren kann, selbst bei der Ablesung anwesend zu sein oder sich vertreten zu lassen. Deshalb muss ein Termin für die Ablesung der Heizungszähler mindestens 10 bis 14 Tage vorher angekündigt werden. Dies gibt dem Mieter zudem ausreichend Zeit, um Verhinderungsgründe mitzuteilen und einen entsprechenden Ersatztermin zu vereinbaren.

11

Wenn Vermieter und Nachbarn kein Herz für Tiere haben

Nicht nur der Hund ist der beste Freund des Menschen. Auch Katzen, Vögel und Exoten gehören zum Inventar vieler Wohnungen. Vermieter untersagen gern die Tierhaltung komplett, während manche Mieter dazu tendieren, ihre Wohnung in einen Privatzoo umzufunktionieren. Beide fühlen sich zu Unrecht im Recht.

Kann der Vermieter das Halten von Haustieren generell verbieten?

»Die Haltung von Tieren in der Wohnung ist untersagt«, steht in manchen Mietverträgen. Als Formularklausel ist das unzulässig, weil damit auch das Halten von Kleintieren wie Wellensittichen, Fischen und Hamstern verboten wäre. Eine derartige Regelung würde den Mieter unangemessen benachteiligen.[1]

. Aber die Unwirksamkeit einer Klausel bedeutet nicht, dass nun jede Tierhaltung erlaubt wäre. Vielmehr kommt es darauf an, was zum vertragsgemäßen Gebrauch gehört. Dies muss jeweils unter Berücksichtigung aller Umstände des Einzelfalls geprüft werden.

Dürfen Kleintiere immer gehalten werden?

Kleintiere dürfen Mieter immer halten, weil von ihnen keine Beeinträchtigungen der Mietsache und Störungen Dritter ausgehen können.[2] Dazu zählen unter anderem Zierfische, Hamster, Wellensittiche, Meerschweinchen, Zwergkaninchen und Schildkröten.

Darf der Vermieter die Haltung von Hunden und Katzen verbieten?

Das kommt darauf an, lautet hierauf die klassische Verlegenheitsantwort des Juristen. Ob die Haltung von Hunden und Katzen vertragsgemäß ist, lässt sich nur im Einzelfall unter Abwägung der Interessen aller Beteiligten beantworten.[3]

Diese Abwägung lässt sich nicht allgemein vornehmen, weil die dabei zu berücksichtigenden Umstände so individuell und vielgestaltig sind, dass sich jede schematische Lösung verbietet. Zu berücksichtigen sind nach einem Urteil des Bundesgerichtshofs[4] insbesondere Art, Größe, Verhalten und Anzahl der Tiere, Art, Größe, Zustand und Lage der Wohnung sowie des Hauses, in dem sich die Wohnung befindet, zudem Anzahl, persönliche Verhältnisse (namentlich Alter) und berechtigte Interessen der Mitbewohner und Nachbarn, aber auch Anzahl und Art anderer Tiere im Haus.

Zusätzlich kommt es darauf an, wie der Vermieter es bisher gehandhabt hat, und auf besondere Bedürfnisse des Mieters. So wird der Vermieter einen Blindenhund dulden müssen, einen allein aus Imponiergehabe angeschafften Kampfhund dagegen nicht.

Braucht man für Freigänger-Katzen keine Erlaubnis?

Mieter glauben, sie müssten für die Haltung von Freigänger-Katzen den Vermieter nicht um Erlaubnis fragen, denn diese halten sich überwiegend im Freien auf und kommen nur zum Schlafen in die Wohnung.

Da irren sie sich. Denn auch wenn eine Katze sich nur zeitweise in der Wohnung aufhält, können von ihr Störungen (wie Geruch oder Lärm) ausgehen. Ist im Mietvertrag ein Erlaubnisvorbehalt der Tierhaltung vereinbart, muss auch für die Haltung einer Freigänger-Katze zuerst die Genehmigung des Vermieters eingeholt werden.

Darf der Vermieter die Tierhalter ungleich behandeln?

Nein, der Vermieter darf die Mieter nicht ohne triftigen Grund unterschiedlich behandeln, auch nicht in Sachen Tierhaltung. Die Berufung des Vermieters auf ein vertraglich vereinbartes Tierhalteverbot ist unzulässig, wenn andere Mieter im Hause ebenfalls Tiere gleicher Art halten dürfen.[5]

Bellende Hunde muss ein Nachbar nicht dulden?

Falsch! Beim Bellen handelt es sich um die natürlichen Lebensäußerungen eines Hundes, die als vertragsgerecht gelten.[6] Das kurze Anschlagen des Hundes bei einem Besuch, das längere Verbellen fremder Personen in der Wohnung, das heftige Begrüßen des Herrchens oder naher Angehöriger oder Freunde, die Reaktionen auf vorbeistreifende Katzen und auf ungewöhnliche plötzliche Geräusche vom benachbarten Parkplatz sind artgerechte Reaktionen eines Tieres, die der Vermieter mit der Zustimmung zur Hundehaltung in Kauf genommen hat und gegen die auch die Nachbarn nichts vorbringen können.

Anders ist nach einem Urteil des Oberlandesgerichts Hamm[7] die Sache bei häufigem und sehr lautem Dauergebell zu beurteilen. Es hat festgelegt, dass ein Hund nicht länger als insgesamt 30 Minuten täglich und nicht länger als zehn Minuten ununterbrochen bellen darf sowie außerdem die Ruhezeiten von 13 bis 15 Uhr und von 19 bis 8 Uhr einzuhalten hat. Wie man einem Hund beibringt, sich nach dem Bellstundenplan zu richten, verrät das Urteil allerdings nicht.

Hunde sollte man im Rudel halten – auch in vier Wänden?

Ein Vermieter hatte dem Mieterpaar die Haltung eines Hundes mündlich zugestanden. Zu seiner Überraschung zogen sie allerdings mit fünf Hunden ein. Klar, der Hund stammt vom Wolf ab, und Wölfe leben meist in Rudeln … Der Vermieter forderte sie erfolglos auf, diese extensive Hundehaltung in der Wohnung einzustellen. Er ging vor Gericht. Das Amtsgericht München gab ihm recht:[8] Die Haltung von mehr als einem Hund entspricht in der Regel nicht mehr dem vertragsgemäßen Gebrauch einer Mietwohnung.

Haftet der Halter für seinen in der Wohnung randalierenden Hund?

Der Beklagte sperrte seinen Hund im Badezimmer ein und verließ die Wohnung. Dem Hund wurde langweilig, er begann zu randalieren. Dabei verstopfte er mit Toilettenpapier den Abfluss des Waschbeckens und drehte sogar den Wasserhahn auf. Es kam zu einem Überlaufen des Wassers und einem Wasserschaden in der Mietwohnung sowie den beiden darunterliegenden Wohnungen.

Der Vermieter verklagte den Hundehalter auf Schadensersatz. Doch das Landgericht Hannover hatte Verständnis für den randalierenden Hund und wies die Klage ab.[9] Der Wasserschaden beruhe auf einer Verkettung unglücklicher Umstände. Der Beklagte habe nicht damit rechnen müssen, dass sein Hund den Abfluss mit Toilettenpapier verstopfe und dann auch noch den Wasserhahn öffne.

Wie viele Tiere darf man in einer Zweizimmerwohnung halten?

Das Landgericht Mainz hatte sich mit der Rechtsfrage zu befassen, ob ein Privatzoo in einer Wohnung erlaubt ist.[10] Nach dem Mietvertrag durften eine Katze bzw. ein kleiner Hund gehalten werden. Demgegenüber hatten die Beklagten einen Schäferhund, zwei Chinchillas und sieben Katzen (die zum Teil auch noch Junge hatten) in der Wohnung gehalten. Die zugebilligte Katzenzahl wurde also versiebenfacht, aus dem kleinen Hund wurde ein Schäferhund, und zusätzlich wurden zwei Chinchillas in Käfigen gehalten. Letztere zählen auch nicht zu den Kleintieren, welche die Interessen des Vermieters unter Umständen nicht beeinträchtigen würden. Das Gericht befand die exzessive Tierhaltung als vertragswidrig.

Ist ein Vogelpark in der Wohnung erlaubt?

Ein Karlsruher Mieter hielt in seiner Zweizimmerwohnung neben circa 100 frei fliegenden Zebrafinken in Käfigen/Volieren noch weitere 20 Wellensittiche, 30 exotische Körnerfresser, diverse Kanarien und ein Diamanttäubchen in Käfigen und Volieren. Das Landgericht hatte kein Verständnis für den Vogelliebhaber und erklärte die fristlose Kündigung des Mietvertrags für berechtigt.[11] Die Haltung eines derart umfangreichen Vogelparks in einer Zweizimmerwohnung gehöre nicht mehr zu deren vertragsgemäßem Gebrauch.

Ratten sind Kleintiere – und dürfen deswegen gehalten werden?

Nein. Zwar sind Ratten an sich genehmigungsfreie Kleintiere. Aber sie sind halt doch nicht so niedlich wie Hamster oder Meerschweinchen. Das Landgericht Essen untersagte die Rattenhaltung mit dieser Begründung:[12] »Gegen Ratten bestehen innerhalb der Bevölkerung große Vorbehalte. Sie lösen Ekel aus, werden mit Krankheiten in Verbindung gebracht und werden als Ungeziefer betrachtet. Diese weitverbreiteten Ansichten führen dazu, dass in einem Mietshaus mit mehreren Mietparteien Widerwillen von Nachbarn gegen eine Rattenhaltung zu erwarten ist. Allein dies kann zu einer Störung des Hausfriedens führen, ohne dass es darauf ankommt, dass die Attribute, die mit Ratten assoziiert werden, zutreffend sind.«

Sind Schweine in der Mietwohnung erlaubt?

Schweine gehören generell nicht in eine Wohnung, werden Sie wahrscheinlich denken. Doch da irrt man sich. Ein Berliner hielt in seiner Wohnung die Schweine »Quieki« und »Schnitzel«. Dies stieß sowohl bei den Nachbarn als auch beim Vermieter auf wenig Verständnis. Der Vermieter klagte auf Unterlassung der Schweinehaltung.

Erstaunlicherweise wurde die Klage abgewiesen. Nach dem

Urteil des Amtsgerichts Köpenick ist der Mieter berechtigt, Schweine in der Mietwohnung zu halten, da es seit zwei Monaten im Treppenhaus nicht mehr nach Schwein stank.[13] Denn nach dem Mietvertrag darf der Vermieter die Zustimmung zur Tierhaltung nur dann verweigern, wenn Beeinträchtigungen und Belästigungen durch ein Tier zu erwarten sind. Wenn aber der Beklagte in der Lage ist, die beiden Schweine zu halten, ohne andere Hausbewohner und Nachbarn zu belästigen, kann ihm das nicht verboten werden.

Dürfen Igel als Kleintiere gehalten werden?

Igel sind possierliche Tiere, die in der Wohnung problemlos gehalten werden können – dachte sich jedenfalls eine Mieterin in Berlin. Schließlich war nach dem Mietvertrag die Kleintierhaltung erlaubt. In der Winterszeit nahm sie regelmäßig verletzte und kranke Igel bei sich auf, um sie gesund zu pflegen. Doch Nachbarn beschwerten sich über den dadurch eingetretenen unangenehmen Geruch, und sie erhielt nach einer Abmahnung die fristlose Kündigung.

Zu Recht, befand das Amtsgericht Berlin-Spandau.[14] Zwar enthielte der Mietvertrag eine Erlaubnis zur Kleintierhaltung, gemeint seien damit aber typische Haustiere, die üblicherweise in Wohnungen gehalten werden können. Igel seien jedoch keine typischen Haus-, sondern Wildtiere, die zwar klein seien, aber unangenehme Gerüche absonderten. Diese »Wildgerüche« seien von permanenter Natur und könnten auch durch Wände und Wohnungstüren in angrenzende Wohnungen ziehen. Dies würde zu unbilligen Belästigungen der Mitbewohner führen. Die Igelhaltung sei nicht von einem vertragsgemäßen Wohngebrauch gedeckt.

Sind Giftschlangen in der Wohnung in Ordnung?

Ein Nachbar klagte auf Unterlassung der Schlangenhaltung in der Wohnung über ihm. Dort hielt der Beklagte in verschiedenen Terrarien 25 bis 30 Giftschlangen.

Das Oberlandesgericht Karlsruhe gab der Klage statt.[15] Die Haltung von Giftschlangen sei geeignet, bei anderen Hausbewohnern die begründete Besorgnis auszulösen, von etwa entwichenen Tieren geschädigt zu werden. Diese Besorgnis sei nicht etwa als völlig irrational und somit auch nicht als unbeachtlich anzusehen, sondern vielmehr deshalb anzuerkennen, weil zum einen nicht völlig ausgeschlossen werden könne, dass Tiere infolge eines Missgeschicks unkontrolliert aus ihren Terrarien entweichen, und weil zum anderen dem Laien das Verhalten und die Reaktionen entwichener Giftschlangen nicht bekannt seien, was Gefühle der Unsicherheit und der Bedrohung hervorrufen könne. Eine derartige – vermeidbare – latente Bedrohungssituation brauche kein Mitbewohner hinzunehmen.

Schadensersatz gegen Vermieter wegen Entsorgung einer Schildkröte?

Eine Mieterin hatte ihre Landschildkröte Max in einer Transportbox zur Abhaltung des Winterschlafes in den Keller gestellt. Der Vermieter bemerkte, dass an dem Kellerabteil ein Vorhängeschloss fehlte, und ließ den Keller kurzerhand entrümpeln und die Sachen auf einer Deponie entsorgen.

Dabei bemerkte niemand den in der Transportbox schlafenden Max. Der Vermieter machte geltend, dass für ihn nicht erkennbar gewesen sei, dass der Keller genutzt wurde. Die Tür sei unverschlossen gewesen, der Hausmeister habe eine Nachricht an der Kellertür angebracht, auf die drei Wochen niemand reagiert habe.

Das Amtsgericht Hannover stellte fest, dass der Vermieter nicht davon ausgehen durfte, dass der Besitz am Keller aufgegeben worden sei, nur weil dort kein Schloss angebracht gewesen sei.[16] Auch lagerten in dem Keller diverse Gegenstände, die nicht ohne Weiteres als wertlos erkennbar waren. Das Gericht verurteilte den Vermieter, an seine Mieterin 560 Euro Schadensersatz wegen einer unberechtigten Kellerräumung zu zahlen. Ein schwacher Trost für das tragische Ende von Max auf einer Mülldeponie.

Kann man wegen seiner Liebe zu Tauben vor Gericht landen?

Ein Ehepaar wehrte sich vor Gericht gegen eine Hausnachbarin, die Vögel fütterte. Die Frau warf immer wieder größere Mengen an Brot und anderen Lebensmitteln auf ein Garagendach. Dadurch wurden Tauben und andere Vögel angelockt. Die Tiere verschleppten das Brot auch zu den Nachbarn und verschmutzten dort die Grundstücke.

Nachdem das Amtsgericht die Klage noch abgewiesen hatte, bekam das Ehepaar vor dem Landgericht Frankenthal recht:[17] Es verbot der Frau die Taubenfütterung. Wenn sie sich nicht daran halte, müsse sie mit einem erheblichen Ordnungsgeld oder sogar mit Ordnungshaft rechnen. Die Androhung solch erheblicher Konsequenzen sei erforderlich, damit die Frau ihre falsch verstandene Tierliebe aufgebe, so das Landgericht.

Was Sie schon immer über Sex in der Wohnung wissen wollten

Dichte Bebauung und Hellhörigkeit führen dazu, dass unser Sexualleben und das der Nachbarn nicht immer eine reine Privatangelegenheit bleibt. Doch was ist in diesem pikanten Zusammenhang erlaubt und was verboten?

Yippie-Rufe beim Sex

Ein neu in ein Mietshaus eingezogenes Paar ließ es richtig krachen. Zu jeder Tages- und Nachtzeit ließen sie ihre Nachbarn durch geräuschvolles Stöhnen und Yippie-Rufe an ihrem Sexualleben teilnehmen.

Der darüber wohnende Nachbar beschwerte sich erfolglos, schließlich landete der Fall vor dem Amtsgericht Warendorf.[1] Das Paar verteidigte sich damit, bei ihren Lustschreien handele es sich um ein wenig kontrollierbares oder gar steuerbares Verhalten.

Das Gericht ließ sich davon nicht beeindrucken und legte fest, dass das Paar Geräusche durch lautes Stöhnen sowie »Yippie«-Rufe beim Sexualverkehr auf Zimmerlautstärke halten müsse. Für den Fall der Zuwiderhandlung legte es ein Ordnungsgeld bis zu 250 000 Euro fest.

Kann ich gegen lautes Gestöhne und Geschrei beim Geschlechtsverkehr meiner Nachbarn vorgehen?

Der Kläger beanstandete nächtliche Ruhestörungen durch lautes Gestöhne und Geschrei bei Ausübung des Geschlechtsverkehrs durch seine Wohnungsnachbarn. Ein wiederholtes Abmahnen des störenden Paares blieb erfolglos. Nach dem Urteil des Amtsgerichts Rendsburg[2] haben Mieter allerdings Anspruch darauf, in der Zeit von 22 bis 6 Uhr nicht in ihrer nächtlichen Ruhe gestört zu werden, und nächtliches lautes Stöhnen und Schreien seien nicht als normaler Mietgebrauch anzusehen.

Das bedeutet, dass Nachbarn lautes Gestöhne und Geschrei beim Sex zu unterlassen haben bzw. jegliche Geräusche, die hierbei auftreten, auf Zimmerlautstärke anzupassen sind.

Darf eine Liebesschaukel quietschen?

Der Beklagte hatte eine Liebesschaukel mit Ketten in seiner Wohnung aufgestellt. Drei- bis viermal in der Woche nutzte er sie mit männlichen Besuchern eifrig. Die Nachbarn wurden dabei durch Kettenrasseln und lautes Quietschen um ihren Schlaf gebracht. Wegen Störung der Nachtruhe mahnte die Vermieterin den Mann zweimal ab. Nachdem dies erfolglos blieb, kündigte sie ihm.

Das Amtsgericht München gab der Räumungsklage statt.[3] Wenn während der nächtlichen Ruhezeiten über mehrere Stunden hinweg durch quietschenden Lärm einer Liebesschaukel andere Mieter in ihrer Nachtruhe gestört werden, ist eine ordentliche Kündigung gerechtfertigt. Derartige Geräusche in der Nacht entsprechen nach Ansicht des Gerichts nicht mehr dem normalen Wohngebrauch und müssen deshalb von anderen Mietern nicht als sozialadäquat hingenommen werden.

Darf ich mich nackt auf dem Balkon sonnen?

Der Balkon gehört zur Wohnung und ist privater Bereich des Mieters. Was der Mieter in seiner Wohnung machen darf, darf er auch auf dem Balkon. Wenn man also in den Innenräumen der Wohnung nackt sein darf, gilt dies im Prinzip auch für den Balkon.

Ist der Balkon für andere gut einsehbar, können sich andere Mieter oder Nachbarn jedoch durch den Anblick von zu viel Nacktheit zu Recht gestört fühlen, sodass das freizügige Sonnenbaden zur »Belästigung der Allgemeinheit« führt. In diesem Fall ist zu viel Nacktheit eine Ordnungswidrigkeit, und dann kann das nackte Sonnenbaden auf dem Balkon mit einem Bußgeld zwischen fünf und 1000 Euro bestraft werden.

Ist Sex auf der Terrasse erlaubt?

Die Terrasse ist wie das Schlafzimmer Teil der Wohnung, weshalb nichts gegen Freiluftsex auf selbiger spricht, denkt sich mancher Mieter.

Doch das ist falsch, wie folgender Fall zeigt. Die Mieterin einer Erdgeschosswohnung hatte ihren Freund zu Besuch und sich völlig ungeniert auf der Terrasse mit ihm körperlich vergnügt, unter den Augen von Nachbarn und in Sichtweite eines Kinderspielplatzes. Der Vermieter erteilte ihr daraufhin eine Abmahnung, wogegen sie klagte.

Das Amtsgericht Bonn entschied, dass die Abmahnung zu Recht erteilt worden war.[4] Die vorgenommenen sexuellen Handlungen auf einem einsehbaren Terrassengelände seien durchaus geeignet, ein öffentliches Ärgernis zu erregen.

Darf ich Porno-Videoclips in der Wohnung drehen?

Ein Paar mietete bei der Klägerin eine Wohnung. Laut Mietvertrag sollte sie »zur ausschließlichen Nutzung als Wohnraum« dienen. Die Beklagten nutzten die angemietete Wohnung jedoch zum Dreh von pornografischen Videoclips, die danach von ihnen aus der Wohnung heraus im Internet vermarktet wurden. In einzelnen Fällen wurden auch Szenen auf dem Balkon gedreht. Als die Klägerin davon erfuhr, kündigte sie das Mietverhältnis fristlos.

Das Amtsgericht Lüdinghausen wies die Räumungsklage jedoch ab.[5] Zur Begründung führte es aus, dass die Herstellung pornografischer Videoclips und deren Vermarktung aus der Wohnung heraus noch keine Nutzung darstellten, die über den Wohngebrauch hinausgehe. Es ist in der Rechtsprechung anerkannt, dass der Mieter in seiner Wohnung auch geschäftlichen Aktivitäten nachgehen kann, solange sie nach außen nicht in Erscheinung treten, selbst wenn die Räume »ausschließlich zu Wohnzwecken« vermietet wurden. Unter Anwendung dieses Grundsatzes stellten die Pornodreharbeiten und die Vermarktung der pornografischen Clips in der Wohnung und auf dem Balkon nach Ansicht des Gerichts noch Wohngebrauch dar. Denn weder war die Herstellung der Bilder von außen wahrnehmbar, noch hat die Vermarktung im Internet Auswirkungen auf die Verwertbarkeit des Mietobjekts, etwa dadurch, dass dieses auf den Bildern erkennbar gewesen wäre und so »in Verruf« hätte kommen können.

Prostitution in Mietwohnungen

Der Fall ist gar nicht so selten: Ein Mietinteressent wirkte seriös und bekam die Wohnung. Kurz nach Mietvertragsbeginn stellte der Vermieter aber entsetzt fest, dass statt der erwarteten kleinen Familie mehrere Damen des horizontalen Gewerbes dort eingezogen waren. Musste der Vermieter die ungewollte Wohnungsprostitution hinnehmen?

Nein, er konnte fristlos kündigen. Denn die Wohnung wurde allein zu Wohnzwecken vermietet, bei der Prostitution handelte es sich dagegen um eine gewerbliche Betätigung. Mieter einer privaten Wohnung dürfen eine gewerbliche Tätigkeit nur dann in ihrer Wohnung ausüben, wenn sie die Genehmigung ihres Vermieters eingeholt haben. Die Ausübung von Prostitution in einer Mietwohnung ohne Zustimmung des Vermieters ist regelmäßig als vertragswidriger Gebrauch der Mietsache anzusehen.[6]

Kann ich meine Mieterinnen heimlich filmen?

Ein 57-jähriger Frührentner vermietete seine sechs Wohnungen vorzugsweise an junge, schlanke und ledige Frauen.[7] Das hatte seinen Grund, denn er hatte jede Wohnung mit je vier Mini-Digitalkameras ausgestattet. Jeweils eine war im Wohnzimmer und Schlafzimmer installiert, zwei weitere im Bad. Im Keller des Mietshauses hatte er seine Videozentrale, in der er sich an den Aufnahmen seiner Mieterinnen beim Sex im Bett und bei der Intimpflege im Bad erregte. Über die Jahre machte er auf diese Weise Sexvideos von 13 Mieterinnen.

Der Spanner flog schließlich auf, weil er ausschließlich an junge Frauen vermietete. Das kam einem jungen Paar verdächtig vor, denn die Wohnung war dem Mann verweigert worden, während seine Partnerin sie wenig später bekommen hatte. Gemeinsam durchsuchten sie die angemietete Wohnung und fanden schließlich die Minikameras.

Das Amtsgericht Landau verurteilte den Vermieter zu einer Freiheitsstrafe von zwei Jahren auf Bewährung.

13

Rauchmelder

Die Rauchmelder sollen verhindern, dass jemand im Schlaf verbrennt oder (was häufiger geschieht) durch Rauchgase erstickt. Trotz des guten Zwecks dulden aber nicht alle Mieter den Einbau dieser Geräte. Sie fürchten häufige Besuche von Servicepersonal, unnötige Kosten und Überwachung.

Sind Rauchmelder Pflicht?

Ja. In den Landesbauordnungen ist die Installation von Rauchmeldern vorgeschrieben, und zwar in jedem Schlafzimmer, Kinderzimmer und in Fluren, die als Fluchtwege dienen.

Müssen Mieter den Einbau von Rauchmeldern dulden?

Will der Vermieter Rauchmelder in seiner Wohnung anbringen, muss der Mieter diese Modernisierungsmaßnahme laut § 555d BGB dulden.

Starke Raucher vs. Rauchmelder

Die Beklagten verweigerten das Anbringen eines Rauchmelders im Wohnzimmer ihrer Wohnung. Sie seien starke Raucher, der anzubringende Rauchmelder würde ihre Raucherleidenschaft

erheblich beeinträchtigen, denn er würde bei jedem Zigaretten-
qualm anschlagen.

Das Amtsgericht Halle/Saale sah die Sache anders und verurteilte die Beklagten zur Duldung der Rauchmelderinstallation
im Wohnzimmer.[1] Auch ein stark rauchender Mieter müsse es
dulden, dass ein vom Vermieter beauftragtes Fachunternehmen
in sämtlichen zum Schlafen geeigneten Räumen – also auch
im Raucher-Wohnzimmer – fachgerecht Rauchmelder anbringe.
Mieter werden sich nun also zwischen Nikotinentzugserschei-
nungen oder Tinnitus durch Rauchmelderpiepen entscheiden
müssen.

Muss der Mieter den Einbau von Rauchmeldern erlauben, wenn er selbst schon welche installiert hat?

Selbst wenn ein Mieter bereits Rauchmelder in der Mietwohnung installiert hat, muss er dem Vermieter den Einbau neuer
Rauchmelder erlauben – dies hat der Bundesgerichtshof entschieden.[2]

Die Richter gaben damit einer Wohnungsbaugesellschaft und
einer Genossenschaft aus Halle in Sachsen-Anhalt recht. Die
beiden Unternehmen wollten ihren Wohnungsbestand einheitlich mit Rauchmeldern ausstatten. Sie klagten, als Mieter den
Einbau mit dem Hinweis auf bereits installierte eigene Geräte
verweigerten. Die BGH-Richter begründeten ihr Urteil mit der
in Sachsen-Anhalt bestehenden Rauchmelderpflicht und mit der
Verbesserung der Wohnqualität: Weil Einbau und Wartung in
einer Hand lägen, werde ein hohes Maß an Sicherheit gewährleistet.

Kein Rauchmelder, wenn der Mieter damit überwacht werden soll?

Ein Vermieter wollte in seiner Wohnung Funk-Rauchmelder installieren. Die zum Einbau vorgesehenen Geräte ließen sich aus der Ferne warten. Dabei sollten sie über Ultraschall auch prüfen, ob ihre Umgebung unverstellt war, und einmal im Monat einem Datensammler im Hausflur Informationen zufunken, etwa zum Batteriestand der Melder. Hiergegen wendete sich der Mieter mit dem Argument, die Geräte könnten auch Bewegungsprofile und Gespräche aufzeichnen, auch wenn das nach Herstellerangaben nicht möglich war.

Der Vermieter erhob gegen den Mieter Duldungsklage und hatte mit seiner Klage sowohl vor dem Amts- wie auch dem Landgericht Köln Erfolg. Hiergegen wandte sich nun der Mieter mit einer Verfassungsbeschwerde. Er argumentierte, das Landgericht habe die Tragweite seiner Grundrechte auf informationelle Selbstbestimmung und Unverletzlichkeit der Wohnung grundlegend verkannt.

Das Bundesverfassungsgericht nahm die Verfassungsbeschwerde des Mieters nicht zur Entscheidung an, da sie keinerlei Aussicht auf Erfolg habe.[3] Sie werfe keine verfassungsrechtlichen Fragen auf, die einer Klärung durch das Gericht bedürften. Der Mieter berufe sich letztlich nur darauf, dass die Geräte aus seiner Sicht manipuliert werden könnten. Die bloße Befürchtung einer Manipulation der Rauchmelder ohne konkrete Anhaltspunkte dafür, dass dies auch tatsächlich beabsichtigt sei, berechtige nicht zur Verweigerung der Anbringung der Rauchmelder.

Wir lernen daraus: Allein Paranoia reicht nicht aus, um den Einbau von Rauchmeldern zu verhindern.

Darf der Vermieter die Kosten für die Anschaffung der Rauchmelder als Betriebskosten auf die Mieter umlegen?

Die Kosten der Anmietung eines Rauchmelders sind nicht als Betriebskosten auf den Wohnraummieter abwälzbar, die Kosten für dessen Wartung hingegen schon.[4] Denn Betriebskosten sind Miete i. S. d. § 535 Abs. 2 BGB und stellen eine Gegenleistung für die Pflichten des Vermieters aus § 535 Abs. 1 BGB dar. Davon sind die Anschaffungs- und Kapitalkosten zu unterscheiden. Diese trägt allein der Vermieter.

Wer zahlt den Feuerwehreinsatz bei einem Fehlalarm?

Rückt die Feuerwehr auf den Fehlalarm eines Rauchmelders an, kann es teuer werden. Die Gemeinde kann einen Kostenbescheid für den Feuerwehreinsatz erlassen. Wer wann die Kosten für einen Feuerwehreinsatz übernehmen muss, ist einzelfallabhängig und richtet sich nach dem Verursacherprinzip. Ist ein technischer Defekt verantwortlich, haftet der Vermieter als Eigentümer des Geräts. Raucht hingegen der Mieter direkt unter dem Brandmelder, wird er für den sinnlosen Einsatz zahlen müssen.

Der Schlüssel zur Wohnung

Der Schlüssel gewährt Zugang zur Wohnung, sein Fehlen verhindert ihn. Deshalb gibt es auch um die Wohnungsschlüssel eine Reihe von Konflikten und Irrtümern.

Anzahl der Wohnungsschlüssel

Oft bekommt der Mieter beim Einzug nur je zwei Haus- und Wohnungsschlüssel. Wünscht er mehr, verweigern das Vermieter gern mit dem Hinweis auf Sicherheitsbedenken.

Tatsächlich aber muss der Mieter genügend Schlüssel erhalten. Grundsätzlich bestimmt die Anzahl der Wohnungsnutzer die Anzahl der zu übergebenden Schlüssel.[1] Zieht also eine vierköpfige Familie ein, müssen es je vier Schlüssel sein. Davon abgesehen kann der Mieter so viele Schlüssel verlangen, wie er für seine Zwecke benötigt.[2] Das können auch Schlüssel für den die Blumen versorgenden Nachbarn, für den Pflegedienst oder die Putzhilfe sein. Die Herstellungskosten für zusätzliche Schlüssel über die Bewohnerzahl hinaus hat der Mieter selbst zu tragen.

Darf der Vermieter einen Zweitschlüssel behalten?

Manche Vermieter behalten einen Wohnungsschlüssel zurück. Die Wohnung sei ja ihr Eigentum, außerdem müssten sie im

Notfall jederzeit Zutritt erhalten. Die Mieter wissen hiervon entweder gar nichts, oder sie akzeptieren es, wenn der Vermieter ihnen erzählt, das sei üblich und normal.

Das ist ein weitverbreiteter Rechtsirrtum. Der Vermieter hat kein Recht, Wohnungsschlüssel für sich zurückzubehalten. Er muss dem Mieter sämtliche existierenden Schlüssel der Wohnung übergeben. Das Recht auf alleinigen Besitz der Schlüssel ist unverzichtbarer Bestandteil des Mietvertrags. Etwas anderes ist es, wenn der Mieter dem Vermieter das Behalten eines Schlüssels ausdrücklich gestattet.

Haftet der Mieter bei Schlüsselverlust?

Die erste Frage, die sich beim Verlust eines Schlüssels stellt, ist, ob nur der Schlüssel ersetzt oder gleich ein neues Schloss eingebaut werden muss. Dies hängt davon ab, ob eine Missbrauchsgefahr besteht oder nicht. Kann der verlorene Schlüssel in Verbindung mit der konkreten Wohnung gebracht werden? Befand sich der Schlüssel in einem Etui mit Namen oder Adresse? Wenn ein Finder den Schlüssel jedoch nicht zuordnen kann, muss das Schloss auch nicht ausgetauscht werden.

Die zweite Frage ist, ob den Mieter am Verlust des Schlüssels ein Verschulden trifft. Hat der Mieter fahrlässig gehandelt? Als fahrlässig anzusehen ist zum Beispiel, wenn der Mieter einen Schlüssel unter der Fußmatte versteckt oder wenn eine Mieterin ihre Handtasche mit Schlüsseln und Ausweispapieren auf dem Beifahrersitz eines Autos zurücklässt, in das dann eingebrochen wird. Besteht kein Verschulden des Mieters, dann haftet er nicht für den Schlüsselverlust.

Muss der Mieter für einen abgebrochenen Schlüssel zahlen?

In der Regel muss der Mieter nicht die Kosten für die Anfertigung eines neuen Schlüssels übernehmen. Denn es entspricht der Lebenserfahrung, dass Schlüssel meist nicht wegen unsachgemäßer Handhabung, sondern wegen – nicht vom Mieter zu vertretender – Materialermüdung abbrechen.[3]

Was ist bei der Rückgabe der Schlüssel zu beachten?

Der Mieter muss bei Auszug sämtliche Schlüssel zurückgeben.[4] Fehlen beim Auszug Schlüssel, muss der Mieter die Ersatzschlüssel bezahlen. Auch zusätzlich angefertigte Schlüssel hat der Mieter zurückzugeben. Kann er das nicht, darf der Vermieter auf Kosten des Mieters das Schloss auswechseln lassen.

15

Reparaturen – ein ewiges Streitthema

Wenn der Mieter einen Defekt meldet, kennen manche Vermieter nur eine Antwort: Der Mieter soll die Reparatur selbst bewerkstelligen oder zumindest den vom Vermieter geschickten Handwerker bezahlen.

Muss der Mieter kleine Reparaturen zahlen?

Grundsätzlich ist es Sache des Vermieters, die Wohnung instand zu halten und Reparaturen durchzuführen. Allerdings können Kleinreparaturen auf den Mieter abgewälzt werden.

Viele Mietverträge enthalten entsprechende Kleinreparaturklauseln. Existiert keine, dann kann der Vermieter auch keine Zahlung von Reparaturrechnungen durch den Mieter verlangen.

Kleinreparaturklauseln dürfen sich nur auf Gegenstände beziehen, auf die der Mieter häufig zugreift. Außerdem muss die Klausel eine Obergrenze für jede Einzelreparatur enthalten. Eine Kleinreparatur sollte nicht mehr als ca. 100 Euro kosten. Auch muss ein Jahreshöchstbetrag angegeben werden. Als zulässig anerkannt wurde ein Höchstbetrag von sechs bis sieben Prozent der Jahresgrundmiete.

Muss der Mieter die Reparatur selbst machen?

Auf die Meldung eines Defekts reagieren Vermieter gern mit dem Hinweis, dass der Mieter die Reparatur selbst ausführen solle, das ergebe sich ja aus der Kleinreparaturklausel.

Das ist falsch. Grundsätzlich ist der Mieter nicht verpflichtet, die Reparaturen durchzuführen. Vielmehr liegt die Instandsetzungspflicht immer beim Vermieter, auch bei einer Kleinreparaturklausel im Mietvertrag. Letztere regelt nur die Kostenübernahme nach der Reparatur.

Eine Ausnahme gilt, wenn der Vermieter auf die Mängelanzeige nicht reagiert. Dann kann der Mieter selbst einen Handwerker beauftragen und sich die Kosten vom Vermieter ersetzen lassen.

Wer zahlt bei Abflussverstopfung?

Der Mieter muss für die Rohrverstopfung nur zahlen, wenn er sie verursacht hat, wofür der Vermieter beweispflichtig ist.[1] Der Vermieter müsste beweisen, dass die Verstopfung auf ein Verhalten des Mieters zurückzuführen ist, etwa wenn er unzulässiges Material in der Toilette entsorgt hat.

Haftet ein Stehpinkler für eine Verätzung des Marmorbodens?

Ein Mieter gehörte zur aussterbenden Gattung der Stehpinkler. Der teure Marmorboden rund um die Toilette hatte darunter gelitten. Der Vermieter wollte nach Auszug des Mieters 1900 Euro von der Kaution einbehalten, um den Marmorboden auswechseln zu lassen, woraufhin der Mieter klagte – und recht bekam. Nach Auffassung des Amtsgerichts Düsseldorf stelle auch heutzutage Stehpinkeln noch eine vertragsgemäße Nutzung der Mietsache dar.[2]

Wörtlich führte das Gericht aus: »Trotz der in diesem Zusammenhang zunehmenden Domestizierung des Mannes ist das Urinieren im Stehen durchaus noch weit verbreitet. Jemand, der diesen früher herrschenden Brauch noch ausübt, muss zwar regelmäßig mit bisweilen erheblichen Auseinandersetzungen mit – insbesondere weiblichen – Mitbewohnern, nicht aber mit einer Verätzung des im Badezimmer oder Gäste-WC verlegten Marmorbodens rechnen. Dass das Urinieren im Stehen derartige Auswirkungen haben kann, dürfte im Allgemeinen unbekannt sein. Insoweit wäre es Sache der Beklagten gewesen, die Kläger auf die besondere Empfindlichkeit des Fußbodens hinzuweisen.«

Kaputtes Flurlicht

Vermieter und Mieter stritten um die Kosten für die Reparatur einer Flurbeleuchtung in Höhe von 43,89 Euro. Fällt ein Beleuchtungskörper unter die sogenannte Kleinreparaturklausel eines Mietvertrages?

Das Amtsgericht Zossen verneinte dies jedoch.[3] Denn Kleinreparaturklauseln dürfen sich nur auf diejenigen Teile der Mietsache beziehen, die häufig dem Zugriff des Mieters ausgesetzt sind. Hierzu gehören Installationsgegenstände für Elektrizität, Gas und Wasser, Heiz- und Kocheinrichtungen, Fenster- und Türverschlüsse sowie Verschlussvorrichtungen von Fensterläden. Nicht dazu gehören hingegen zum Beispiel Beleuchtungskörper, denn mit diesen kommt der Mieter so gut wie nicht in Berührung.

Wer haftet für Einbruchsschäden?

Die Einbrecher kommen oft durch die Tür, die dadurch stark beschädigt wird. Die Frage ist, wer deren Reparatur zu bezahlen hat. Das ist grundsätzlich der Vermieter, wenn der Schaden nicht durch den Mieter verursacht wurde.

Um sich vor den Kosten einer Reparatur zu drücken, fordern manche Vermieter die Mieter auf, die Reparatur über ihre Hausratversicherung abzurechnen. Darauf muss sich der Mieter nicht einlassen. Denn damit würde er das Risiko einer Kündigung durch die Versicherung eingehen.

Gibt es eine Modernisierungspflicht durch den Vermieter?

Die Ausstattung der Wohnung kommt in die Jahre. Die Dusche ist nicht mehr besonders ansehnlich, die Einbauküche strahlt den Retrocharme der 80er-Jahre aus, und dem Parkettfußboden sieht man deutlich an, dass seit 30 Jahren auf ihm herumgetrampelt wird. Viele Mieter sind der Ansicht, der Vermieter müsse die eine oder andere Sache mal erneuern.

Muss er nicht. Der Mieter hat keinen Anspruch auf Erneuerung der Einrichtung durch den Vermieter. Er muss erst etwas instand setzen, wenn die Sache mangelhaft und damit unbrauchbar ist, nicht bereits, wenn sie lediglich alt und unansehnlich geworden ist.

16

»Verboten« – das Lieblingswort von Vermietern

Außer Miete zu zahlen, soll der Mieter nach den Vorstellungen von Vermietern am besten gar nichts dürfen. Er soll im Treppenhaus nicht laut sprechen, nachts nicht baden, keine Piratenflaggen ins Fenster hängen und wohl am besten im Park zelten, um die Wohnung nicht abzunutzen. Doch bestehen solche Verbote zu Recht?

Lautes Sprechen im Treppenhaus verboten?

Ein Berliner Mietvertrag enthielt die Vorschrift, wonach »laut sprechen und lange Gespräche führen« im Treppenhaus untersagt seien. Diese Klausel ist aber selbstverständlich unwirksam.[1]

Müssen Mieter eine Mittagsruhe einhalten?

Eine gesetzliche Regelung gibt es hierzu nicht. Aber in vielen Hausordnungen steht, dass eine Mittagsruhe zwischen 13 und 15 Uhr einzuhalten sei. Verstößt der Mieter dagegen, kann ihn der Vermieter abmahnen.

Keine Herrenbesuche nach 22 Uhr?

»Damenbesuch verboten!« oder »Keine Herrenbesuche nach 22 Uhr« steht immer noch in manchen älteren Mietverträgen. Der Vermieter wollte damit früher die guten Sitten im Haus sicherstellen.

Derartige Verbote sind heute unwirksam. Grundsätzlich ist der Mieter uneingeschränkt berechtigt, Besuch zu empfangen.[2] Dies ergibt sich aus seinem Hausrecht, das sich auch auf den Zugang zu seinen Mieträumen erstreckt. Ein Verbot nächtlichen Damen- oder Herrenbesuchs ist sittenwidrig.[3] Besuchszeiten oder Besuchsverbote darf eine Hausordnung nicht vorschreiben.

Lediglich in extremen Ausnahmefällen kann der Vermieter bestimmten Personen das Betreten des Hauses verbieten, etwa dann, wenn der Besucher in der Vergangenheit wiederholt den Hausfrieden gestört oder die gemeinschaftlich zu nutzenden Räume beschädigt oder verunreinigt hat.

Wann darf ich meine Waschmaschine laufen lassen?

Für Waschmaschinen, die Lärm verursachen, gelten keine anderen Regeln als für sonstige Lärmquellen in der Wohnung auch. Die Ruhezeiten, die die Gesetze und die Hausordnung vorgeben, sind einzuhalten. Es ist also keine gute Idee, die Waschmaschine nachts laufen zu lassen.

Darf der Vermieter Wäschetrocknen in der Wohnung verbieten?

»Das Trocknen von Wäsche in der Wohnung ist nicht gestattet«, steht in manchem Mietvertrag. Der Grund liegt auf der Hand:

Der Vermieter befürchtet Feuchtigkeitsschäden und Schimmelbildung durch das Trocknen nasser Wäsche.

Nach ständiger Rechtsprechung ist solch ein generelles Verbot jedoch unzulässig, weil das Aufhängen und Trocknen im üblichen Rahmen zum normalen und vertragsgemäßen Gebrauch einer Mietwohnung gehört.[4] Solange man also nicht alle Räume täglich mit nasser Wäsche zuhängt, kann man seine Kleidung in der Wohnung trocknen lassen.

Grillen auf dem Balkon

Grundsätzlich ist das Grillen auf dem Balkon zwar nicht verboten, aber auch nicht uneingeschränkt erlaubt. Es gilt, zwei Ausnahmen zu beachten:

Erstens kann der Mietvertrag das Grillen auf dem Balkon verbieten. Bei einem Mehrfamilienhaus ist es sachlich gerechtfertigt, in der Hausordnung ein auf die Balkone bezogenes Grillverbot auszusprechen.[5] Ein Grillverbot wäre hier also wirksam und müsste beachtet werden.

Zweitens ist Grillen dann unzulässig, wenn der Rauch in die Nachbarwohnung zieht. Wenn nämlich der beim Grillen entstehende Qualm in konzentrierter Weise in Wohn- und Schlafzimmer unbeteiligter Nachbarn dringt, erfüllt dies den Tatbestand einer erheblichen Belästigung von Nachbarn durch verbotenes Verbrennen von Gegenständen im Sinne des Landesimmissionsschutzgesetzes.[6]

Schneeschippen – wer steht in der Pflicht?

Schneeschippen ist nicht grundsätzlich Pflicht der Mieter. Die Räum- und Streupflicht ist zunächst Sache der Gemeinde. Die Eigentümer einer Immobilie sind nur dann über die Grundstücksgrenze hinaus fürs Schneeräumen zuständig, wenn die Ortssatzung dies vorsieht.[7] Viele Vermieter wälzen diese Pflicht auf den Mieter ab. Das muss aber im Mietvertrag oder in der Hausordnung so festgelegt sein. Wenn dort nichts dergleichen steht, muss sich der Vermieter darum kümmern, die entsprechenden Bereiche schnee- und eisfrei zu halten.

Darf der Vermieter dem Mieter das Aufhängen einer Piratenflagge im Fenster verbieten?

Es ist erstaunlich, womit die Gerichte sich manchmal beschäftigen müssen. Der 22-jährige Sohn einer Mieterin muss wohl etwas entwicklungsverzögert gewesen sein, denn er hängte eine Kinderpiratenflagge in sein Fenster. Ein grinsender Schädel mit Augenklappe grüßte nun die Passanten. Der Vermieterin gefiel das gar nicht, und sie klagte auf Entfernung.

Das Landgericht Chemnitz wies die Klage ab.[8] Begründung: Die Fahne mag nicht unbedingt zu einer ästhetischen Aufwertung der Fassade beitragen. Damit allein ist das Gebrauchsrecht des Mieters indes noch nicht überschritten, da der sozial übliche Rahmen nicht gesprengt ist. Die damit einhergehende bloße Beeinträchtigung des Erscheinungsbildes, die auch in anderer Weise, beispielsweise durch unpassende Vorhänge in schrillen Farben oder Ähnliches hervorgerufen werden kann, rechtfertigt kein Verbot.

Darf der Vermieter vorschreiben, welche Ordnung man in der Wohnung hält?

Der Vermieter bemängelt anlässlich einer Wohnungsbesichtigung die dortige (Un-)Ordnung. Doch darf er dem Mieter vorschreiben, ob und wie er aufzuräumen hat?

Nein, das darf er selbstverständlich nicht. Die Ordnung in der Wohnung ist Privatsache des Mieters. Dies gilt jedenfalls, solange die Wohnung nicht beschädigt wird.

Kann der Vermieter vorschreiben, wie oft zu lüften ist?

Immer öfter werden in einer Anlage zum Mietvertrag detaillierte Lüftungsregeln aufgestellt. Die Uhrzeiten und die Dauer der Lüftung werden penibel vorgegeben. Der Vermieter will damit Feuchtigkeits- und Schimmelpilzschäden vermeiden. Muss sich der Mieter danach richten?

Der Vermieter kann von seinen Mietern verlangen, dass die Wohnung in einem ordnungsgemäßen Zustand gehalten wird – also auch, dass sie geheizt und gelüftet wird, damit sich keine Feuchtigkeit breitmacht und kein Schimmel entsteht. Die Lüftungspflicht des Mieters ist aber nicht uferlos, und sie muss von ihm auch faktisch umgesetzt werden können.

Viele Berufstätige halten sich nur morgens und abends in ihrer Wohnung auf. Ein Lüften nach Stundenplan ist ihnen mangels Anwesenheit daher gar nicht möglich. Mehr als ein Stoßlüften morgens und abends kann von ihnen somit nicht verlangt werden.

Darf der Vermieter das Fensterputzen vorschreiben?

Der Vermieter kann dem Mieter nicht vorgeben, wie oft er die Fenster inklusive der Rahmen zu putzen hat. Dahingehende Klauseln im Mietvertrag wären unwirksam. Eine Sorgfaltspflicht ist allein durch dreckige Fensterscheiben nicht verletzt. Durch verschmutzte Scheiben besteht weder eine Gefährdung der Mietsache noch eine Beeinträchtigung Dritter oder eine sonstige Verschlechterung der Mietsache.

Ist ein nächtliches Badeverbot rechtens?

Ein Vermieter verbot in der Hausordnung das Baden in der Zeit von 22 Uhr bis 4 Uhr. Das Landgericht Köln entschied jedoch, dass solch ein Nacht-Badeverbot unwirksam ist.[9] Nächtliche Badegeräusche, die der Mieter verursacht, gehören unter Berücksichtigung der grundrechtlichen Freiheits- und Eigentumsgarantien zum zulässigen, durch Klauseln der Hausordnung nicht einschränkbaren Mietgebrauch – Baden zur Nachtzeit ist so gesehen grundgesetzlich geschützt.

Darf der Vermieter den Besuch von Ausländern verbieten?

»Ausländer sind im Haus nicht erwünscht und nicht gestattet«, hieß es in einem Ergänzungsblatt zum Mietvertrag. Im Jahr nach ihrem Einzug heiratete die Mieterin einen Ausländer und nahm ihn in ihre Wohnung auf. Postwendend erhielt sie die fristlose Kündigung.

Das Amtsgericht Nürnberg wies die Räumungsklage ab.[10] Die Kündigung der Mieterin lasse sich keineswegs auf eine Verletzung der Klausel stützen, wonach Ausländer im Hause unerwünscht und nicht gestattet seien, denn diese Klausel sei unwirksam. Das Verbot, Ausländer in der Wohnung zu empfangen, sei schlicht sittenwidrig.

Minenfeld Treppenhaus

Manche Mieter sehen das Treppenhaus als willkommenes Außenlager ihrer Wohnung. Andere fühlen sich durch den Hindernislauf zwischen Kinderwagen, Schuhreihen und Bierkästen gestört. Konflikte sind damit vorprogrammiert. Was ist im Treppenhaus erlaubt, was geht zu weit?

Das Willkommensschild war nicht willkommen

Die Mieter einer Genossenschaftswohnung hatten ein kleines Schild mit der Aufschrift »Willkommen« an ihrer Wohnungstür angebracht. Der Genossenschaft gefiel das gar nicht, sie verlangte Beseitigung. Im Vertrag stand deutlich zu lesen, dass die Bewohner nicht berechtigt seien, ohne Zustimmung der Genossenschaft irgendwelche Schilder, Dekorationen oder Gegenstände in den Gemeinschaftsräumen, am Gebäude oder auf dem Grundstück anzubringen. Erlaubt waren nur Namensschilder.

Das Amtsgericht Hamburg-Wandsbek verurteilte die Mieter in erster Instanz dazu, das Willkommensschild zu entfernen. Die Genossenschaft habe als Eigentümerin allein das Recht, zu entscheiden, wie es im Treppenhaus aussehen solle.

Das Landgericht Hamburg stellte sich jedoch auf die Seite der Mieter.[1] Die Beeinträchtigung des Eigentumsrechts des Vermieters durch ein solches Schild sei minimal. Der Vermieter könne dem Mieter ein Willkommensschild nicht verbieten, nur weil sich theoretisch vielleicht einmal jemand an dem Schild stören könnte. Hierbei sei auch das Interesse der Mieter, mit dem Schild an der Wohnungstür potenziellen Besuchern einen herzlichen Empfang zu signalisieren, zu berücksichtigen.

Darf der Mieter im Hausflur und Treppenhaus abstellen, was er will?

Hausflur und Treppenhaus sind für manche Bewohner offenbar die perfekte Abstellkammer. Sachen, die in der Wohnung nur im Wege stehen würden, werden dorthin ausgelagert. Das reicht vom Schuhschrank über Bierkästen bis hin zu Balkonpflanzen, die hier überwintern. Viele Mieter halten das für legitim, schließlich erstreckt sich die Mietzahlung auch auf Hausflur und Treppenhaus.

Die Mieter irren. Der Hausflur und das Treppenhaus gehören nicht zur Wohnung, sondern zu den Gemeinschaftsräumen. Beide dürfen nicht als Lagerfläche für Sachen genutzt werden, die der Mieter nicht in der Wohnung haben will.

Darf der Vermieter das Auslegen von Fußmatten verbieten?

In einem vom Amtsgericht Berlin-Neukölln entschiedenen Fall[2] wurde das Auslegen von Fußmatten vor der Wohnungstür durch den Mietvertrag verboten. Ein Mieter hielt sich nicht an das Verbot und wurde vom Vermieter daraufhin auf Unterlassung verklagt.

Das Gericht gab dem Vermieter recht. Dieser hatte gegen den Mieter einen Unterlassungsanspruch gemäß § 1004 BGB. Das Auslegen der Fußmatte durch den Mieter stelle eine unberechtigte Beeinträchtigung des Eigentums des Vermieters dar. Dies werde vom mietvertraglichen Gebrauchsrecht nicht gedeckt.

Das Amtsgericht Tempelhof-Kreuzberg ist dagegen der Ansicht, dass es in Berlin üblich sei, vor den Wohnungen Fußmatten auszulegen.[3] Ein Wohnungsmieter sei daher grundsätzlich befugt, vor seiner Wohnungstür eine Fußmatte zu platzieren.

Rollatoren im Treppenhaus

Manche Vermieter schreiben vor, dass Mieter ihre Rollatoren nicht im Treppenhaus abstellen dürfen. Doch da sind sie im Irrtum. Der Vermieter kann das Abstellen eines Rollators im Treppenhaus des Mehrfamilienhauses grundsätzlich nicht untersagen.[4] Der Mieter muss das Gerät aber zusammenklappen, bevor er es vor seiner Wohnungstür deponiert. Seine Gehhilfe darf andere Bewohner nicht dabei behindern, den Hausflur zu nutzen.

Darf der Vermieter das Abstellen von Kinderwagen im Hausflur verbieten?

In manchen Hausordnungen wird das Abstellen von Kinderwagen im Hausflur verboten. Doch eine solche Klausel ist nach einer Entscheidung des Landgerichts Berlin unwirksam.[5] Der Mieter ist berechtigt, seinen Kinderwagen im Rahmen des Mietgebrauchs im Treppenhaus abzustellen, wenn der Vermieter keine andere Abstellmöglichkeit zur Verfügung stellt, ihm der Transport des Kinderwagens in die Wohnung nicht zuzumuten ist und wenn eine konkrete Verletzung der Brandschutzbestimmungen nicht vorliegt, also etwa der Fluchtweg im Treppenhaus durch den Kinderwagen nicht versperrt ist.

Dem Mieter ist es jedoch nicht gestattet, seinen Kinderwagen im Treppenhaus anzuketten. Nachbarn müssen ihn bewegen können, um zum Beispiel größere Möbel transportieren zu können oder im Notfall Rettungswege frei zu machen.

Schuhe oder Schuhregale im Treppenhaus

Immer wieder sieht man Schuhsammlungen vor der Wohnungstür stehen oder sogar volle Schuhregale.

Doch der Mieter, der seine Schuhe auf diese Weise auslagert, liegt falsch. Das dauerhafte Abstellen von Schuhen und Schuhregalen im Treppenhaus ist grundsätzlich unzulässig. Denn der Raum vor der Wohnungstür ist nicht mitvermietet, er gehört also nicht dem Wohnungsmieter. Treppenhäuser gehören außerdem zum Flucht- und Rettungsweg und dürfen nicht zugestellt werden.

Kein Problem ist es allerdings, wenn der Mieter kurzfristig ein Paar Schuhe oder einen Regenschirm auf seine Fußmatte stellt.[6] Dies hat den einleuchtenden Grund, dass der Mieter weder Nässe noch Dreck in seine Wohnung schleppen will.

Dürfen Fahrräder immer im Hausflur abgestellt werden?

Im Hausflur steht das Fahrrad sicher vor Dieben und dem Wetter, denkt sich der Mieter – und parkt es dort.

Doch falsch gedacht: Die Hausordnung oder der Mietvertrag können verbieten, Fahrräder ins Treppenhaus zu stellen. Ein solches Verbot ist auch zulässig.[7] Wenn allerdings kein solches Verbot im Mietvertrag oder in der Hausordnung steht, kann man sein Rad im Hausflur oder Hauseingang abstellen.

Müll im Hausflur

Mietern, denen der Weg zum Müllcontainer zu weit erscheint, stellen gerne schon mal Müllbeutel und Pizzakartons einfach vorübergehend vor ihre Tür. Hauptsache, der Müll ist aus der Wohnung.

Doch das Abstellen von Müll vor der Wohnungstür ist unzulässig.[8] Es entspricht nicht dem ordnungsgemäßen Gebrauch des Treppenhauses, dort Müllbeutel abzustellen.

Kann das Abstellen von Sachen im Hausflur zum Rausschmiss aus der Wohnung führen?

Nicht sofort, aber ausgeschlossen ist es nicht. Der Vermieter wird zunächst eine Abmahnung schicken und den Mieter auffordern, die nicht erlaubten Gegenstände aus dem Treppenhaus zu entfernen. Bringt das langfristig keinen Erfolg, droht dem Mieter sogar die Kündigung des Mietvertrages.

In einem vom Landgericht Köln entschiedenen Fall hatte eine Mieterin immer wieder und dauerhaft Gegenstände – unter anderem ein Schuhregal, zahlreiche Fünf-Liter-Wein-Korbflaschen und Kartons – im Treppenhaus abgestellt.[9] Auf Aufforderung entfernte sie zwar jedes Mal die Sachen, stellte aber bald darauf neue Sachen im Treppenhaus ab. Die Vermieterin war es irgendwann leid, ständig neue Beseitigungsaufforderungen an die Mieterin schreiben zu müssen, und kündigte der Frau die Wohnung.

Das Gericht gab der Räumungsklage statt. Die Kündigung des Vermieters ist begründet, wenn der Mieter trotz diverser Abmahnungen über Jahre Gegenstände im Treppenhaus abstellt.

Gartenzaun im Treppenhaus

Zwischen den Parteien eines Mietshauses entstand Streit über das Lüften des Treppenhauses. Ein Mieter und der Vermieter plädierten dafür, es täglich mehrere Stunden zu lüften, ein anderer Mieter war strikt dagegen. Seine Eingangstür sei undicht, erklärte er, deshalb kühle seine Wohnung aus, wenn im Treppenhaus lange gelüftet werde.

Fenster zu, Fenster auf – so tobte der Streit einige Monate. Bis der Vermieter den Konflikt auf radikale Weise beendete: Er teilte kurzerhand den Hausflur und stellte zwischen den Wohnungen der Kontrahenten einen 1,80 Meter hohen Gartenzaun auf. Der Zaun sperrte für den kälteempfindlichen Mieter den Zugang zu den Fenstern bzw. den Lüftungsklappen.

Dieser Mieter klagte auf Entfernung des Zauns. In der Tat verurteilte das Amtsgericht Elmshorn den Vermieter dazu, den Zaun zu beseitigen.[10] Solch ein Zaun dürfe den Mieter nicht am Zugang zu Gemeinschaftsflächen wie Treppenhaus oder Hausflur hindern. Mit dem Mietvertrag räumten Vermieter den Mietern das Recht ein, Gemeinschaftseigentum (mit) zu benutzen, selbst wenn das nicht ausdrücklich vereinbart werde. Deren Rechte endeten nicht an der Wohnungstür. Zum vertragsgemäßen Gebrauch der Mietsache gehöre es auch, dass Mieter Fenster im Hausflur zum Lüften öffnen und schließen könnten. Gebe es an diesem Punkt Streit, müsse der Vermieter den Konflikt per Hausordnung regeln.

Unser Treppenhaus soll schöner werden

Das dachte sich eine Mieterin – und »verschönerte« das Treppenhaus mit einer Vielzahl von Blumentöpfen, Lampen und mehreren anderen Dekogegenständen. Eine alte, türkisfarbene

Nähmaschine im Vorgarten brachte für den Vermieter dann das Fass zum Überlaufen. Er klagte auf Unterlassung.

Das Amtsgericht Münster schob der Dekowut der Mieterin einen Riegel vor.[11] Sie wurde verurteilt, sämtliche Sachen mit Ausnahme der Fußmatte aus dem Treppenhaus zu entfernen. Denn ihr stünden im Treppenhaus keine Nutzungsrechte zu.

Wenn der Vermieter lange Zeit etwas duldet, entsteht daraus ein Gewohnheitsrecht – oder?

Die Mieterin hat ihren Schuhschrank seit Jahren im Treppenhaus stehen. Plötzlich aber fordert sie der Vermieter auf, diesen zu entfernen. »Das darf der nicht, das ist mein Gewohnheitsrecht«, empört sie sich.

Doch ein Gewohnheitsrecht des Mieters existiert im Mietrecht nicht, obwohl viele Mieter das glauben. Der Vermieter kann eine nicht vereinbarte Nutzung des Treppenhauses jederzeit untersagen, auch wenn er sie vorher jahrelang geduldet hat.

Das »Fräulein« im Treppenhaus-Putzplan

Die älteren Vermieter hängten regelmäßig einen Putzplan im Treppenhaus ihres Mehrparteienhauses aus. Der Name der Mieterin war auf diesen Plänen immer mit dem Zusatz »Fräulein« aufgeführt.

Das ärgerte die Mieterin. Mehrmals bat sie die Vermieter, sie nicht mehr öffentlich so zu nennen. Sie sei längst verheiratet und empfinde diese Anrede als diffamierend. Da die Beschwerden der Mieterin von den Vermietern nicht erhört wurden, zog sie schließlich gegen die Anrede »Fräulein« vor Gericht.

Doch beim Amtsgericht Frankfurt stieß die Frau mit ihrem Anliegen nicht auf Verständnis.[12] Offenkundig sei der latent verniedlichende Begriff »Fräulein« für unverheiratete Frauen veraltet. Im konkreten Fall sei jedoch zu berücksichtigen, dass die Vermieter mit ihren 89 bzw. 92 Jahren einen eher älteren Wortschatz hätten. Der Begriff »Fräulein« habe für sie nichts Despektierliches: Sie hätten das Wort als korrekten Namenszusatz kennengelernt. In der Verwendung des Zusatzes »Fräulein« sei keine Beleidigung der Klägerin zu sehen. Was bleibe, sei ein subjektives Ärgernis. Das sei jedoch nicht »justiziabel«, die Mieterin habe daher keinen Anspruch auf Unterlassung.

Darf der Mieter Sperrmüll außerhalb seines Kellers lagern?

Wenn das Kellerabteil voll ist, lagern manche Mieter ihren Sperrmüll gerne in den Kellerfluren. Der Sperrmülltermin scheint nie zu kommen, und die Sammlung aus alten Möbeln, Matratzen und leeren Farbeimern vergrößert sich ständig.

Mieter dürfen Sperrmüll jedoch nicht »wild lagern«. Sperrmüll gehört nicht ins Treppenhaus oder die Kellerflure. Wenn der Mieter ihn nach Aufforderung nicht entfernt, kann der Vermieter den Sperrmüll entfernen lassen und die Kosten dafür dem Mieter in Rechnung stellen. Außerdem kann der Vermieter dem Mieter nach Abmahnung fristlos kündigen.

Videoüberwachung im Mietshaus

Einige Vermieter denken, sie dürften ihr Mietshaus per Video überwachen, und installieren Kameras, die den Hauseingang, das Treppenhaus und den Aufzug ständig im Blick behalten. Sie wollen damit Vandalismus und Einbrüche verhindern, führen sie meist als Begründung an. Vielleicht wollen sie aber auch einfach nur das Treiben ihrer Mieter beobachten.

Doch eine Videoüberwachung ist nur zulässig, wenn alle betroffenen Mieter damit einverstanden sind. Andernfalls ist sie unzulässig. Sie stellt einen Eingriff in das Recht am eigenen Bild der Mieter dar,[13] denn der Vermieter versetzt sich hierdurch in die Lage, ein detailliertes Bild des Tagesablaufs der Mieter aufzuzeichnen. Auf den Aufnahmen ist etwa zu sehen, wann, mit wem oder welchen Gegenständen die Mieter ihre Wohnung betreten und diese verlassen – das geht den Vermieter nichts an.

Darf der Vermieter verlangen, dass der Mieter kostenlos das Treppenhaus putzt?

Ja, im Mietvertrag kann vereinbart werden, dass die Mieter für die Treppenhausreinigung verantwortlich sind. Ohne ausdrückliche Vereinbarung sind die Mieter jedoch nicht zur Treppenhausreinigung verpflichtet.

Mieter, die nicht putzen wollen, haben eine Alternative: Der Vermieter wird diese lästige Aufgabe einer Reinigungsfirma übertragen und die Kosten auf die Betriebskostenabrechnung draufschlagen.

Baum auf dem Balkon?

Der Mieter hatte auf seinem Balkon einen kleinen Bergahorn in einer Holzkiste angepflanzt. Der Ahornbaum gedieh prächtig und wuchs aus der Kiste heraus. Der Mieter türmte irgendwann auf dem Balkon einen Erdhaufen auf, in den er den Baum umpflanzte. Zudem befestigte er ihn mit drei Ketten an der Hauswand.

Der Vermieter klagte auf Beseitigung des Baums. Das Landgericht München gab ihm recht:[14] Ein Bergahorn kann eine Höhe von bis zu 40 Metern und einen Stammumfang von zwei

Metern erreichen. Schon aufgrund seiner zu erwartenden Größe sei er nicht als Balkonbepflanzung geeignet.

Dürfen alle Mieter den Garten nutzen?

Nein. Ein Garten darf nur genutzt werden, wenn er im Mietvertrag als Gemeinschaftsgarten bezeichnet und allen Mietern zur Nutzung überlassen wird. Ansonsten kann der Vermieter die Gartennutzung untersagen.[15]

Nachbarn gegen Nachbarn

Klagen von Nachbarn untereinander sind eine seltene Ausnahme, weil sich Mieter in der Regel an ihren Vermieter wenden. Aber wenn der keine Lust hat, sich einzumischen, bleibt dem genervten Mieter nur übrig, selbst gegen den Nebenbewohner zu klagen.

Haben Mieter ein Recht auf Vergeltung?

Wer sich über den sowohl lauten als auch uneinsichtigen Nachbarn ärgert, glaubt oft, er habe hierbei ein »Recht auf Vergeltung«. Er verursacht dann Gegenlärm, zum Beispiel durch Klopfen gegen die Decke, oder er dreht seine Musikanlage bis zum Anschlag auf.

Doch es gibt kein solches »Recht auf Vergeltung«. Wer Gegenlärm verursacht, macht sich ebenso einer Lärmbelästigung schuldig wie der ursprüngliche Ruhestörer.

Balkon-Gaffer

Eine Frau hatte ihren Nachbarn dabei ertappt, wie er sich über seine Balkonbrüstung beugte, um in ihre Wohnung zu schauen. Das war problemlos möglich, weil die beiden Balkone direkt nebeneinanderlagen, nur geteilt von einer Trennwand. Erbost forderte die Frau den neugierigen Nachbarn auf, gefälligst ihre

Privatsphäre zu respektieren. Um ihn abzuschrecken, installierte sie sogar eine Videokamera auf ihrem Balkon. Das hielt den Nachbarn nicht davon ab, immer mal wieder ihre Wohnung zu beobachten. Einmal hielt er sogar grinsend ein Schild hoch, auf dem »Vorsicht, Kamera« stand.

Nun hatte die Frau genug. Sie zog vors Amtsgericht Hanau und forderte dort, die Justiz solle diese systematische Belästigung beenden. Ständig beobachtet zu werden mache ihr Angst und mindere ihre Lebensqualität. Das Amtsgericht traf eine Schutzanordnung gemäß Gewaltschutzgesetz. Es verbot dem Nachbarn unter Androhung von Zwangsgeld, der Frau weiter nachzustellen und sich auf ihren Balkon zu beugen. Damit sei er nämlich in ihr »befriedetes Besitztum eingedrungen«.

Gegen diese Entscheidung legte der Mann Beschwerde ein: »Hinübergucken« sei doch kein Hausfriedensbruch. Das Oberlandesgericht Frankfurt gab ihm recht. Es hob die Anordnung des Amtsgerichts wieder auf.[1] Wenn sich der neugierige Nachbar auf der Balkonbrüstung abstütze, verletze er vielleicht den Luftraum über dem Balkon der Frau, doch dieser unverfrorene Eingriff in ihre Privatsphäre erfülle nicht den Tatbestand des Hausfriedensbruchs. Ein Hausfriedensbruch liege etwa vor, wenn jemand gegen den Willen eines Wohnungsinhabers einen Fuß in die Haustür setze, aber betreten habe der Nachbar den Balkon der Frau ja nicht, also sei er nicht in ihr »Besitztum eingedrungen«. Die Antragstellerin könne es ihm nicht verbieten lassen, sich auf seinem eigenen Balkon aufzuhalten.

Der Wärmeklau

Der Nachbar heize zu wenig, regt sich mancher Mieter auf. Man müsse wegen kalter Wände die eigene Heizung weiter aufdrehen.

Aber dagegen kann man nichts machen. Kein Mieter kann vom anderen verlangen, eine bestimmte Raumtemperatur einzuhalten. Verpflichtet ist der Mieter beim Heizen nur gegenüber dem Vermieter: Er muss zumindest so viel heizen, dass die Wohnung keinen Schaden nimmt. Solange aber keine Wasserrohre platzen oder sich kein Schimmel bildet, kann ihm die bibbernde Nachbarin egal sein.

Kündigung ist ein scharfes Schwert

Über berechtigte Kündigungsgründe bestehen sowohl bei Vermietern als auch bei Mietern häufig Irrtümer. Die Mieter glauben, sich aufgrund des weitreichenden Kündigungsschutzes gegenüber dem Vermieter alles erlauben zu können, den Vermietern hingegen ist keine Begründung zu abstrus, um endlich einen lästigen Mieter loszuwerden.

Wenn man drei Nachmieter stellt, kommt man dann aus dem Mietvertrag vorzeitig heraus?

Viele Mieter meinen, sie müssten die vertragliche Kündigungsfrist nicht einhalten und könnten sofort ausziehen, wenn sie dem Vermieter mindestens drei potenzielle Nachmieter nennen. Das ist ein unausrottbares Gerücht. Denn die »Drei-Nachmieter-Regel« gibt es nicht. Der Vermieter muss den Mieter nicht vorzeitig aus dem Vertrag entlassen. Es gilt die dreimonatige Kündigungsfrist, so § 573 c BGB.

Darf der Vermieter dem Mieter einfach so kündigen und ihn rauswerfen?

Nein, darf er nicht. Der Mieter genießt einen starken Kündigungsschutz. Für eine ordentliche Kündigung braucht der Vermieter ein berechtigtes Interesse, so legt es § 573 BGB fest. Als berechtigtes Interesse werden vom Gesetzgeber nur folgende Kündigungsgründe anerkannt:

- Der Mieter hat seine vertraglichen Pflichten schuldhaft nicht unerheblich verletzt. Das kann beispielsweise ein Zahlungsverzug oder eine Beschädigung der Mietsache sein.
- Der Vermieter hat Eigenbedarf für sich selbst, seine Familienangehörigen oder Angehörige seines Hausstandes.
- Der Vermieter wird durch die weitere Vermietung der Immobilie an deren angemessener wirtschaftlicher Verwertung gehindert. Das kann etwa dann der Fall sein, wenn der Verkaufswert einer vermieteten Wohnung niedriger ist, als wenn sie leer stünde.

Wann darf der Vermieter mir fristlos kündigen?

Eine außerordentliche Kündigung beendet das Mietverhältnis, wenn sie denn gerechtfertigt ist, sofort. Dafür ist natürlich ein wichtiger Grund erforderlich, der ein Festhalten am Vertrag bis zum Ablauf der ordentlichen Kündigung unzumutbar macht – so legt es § 543 BGB fest.

Wichtige Gründe für eine außerordentliche Kündigung durch den *Mieter* können sein:

- gesundheitsgefährdende Beschaffenheit der Mietsache;
- fehlende Gewährung oder Entzug der Mietsache (wenn etwa der Vermieter dem Mieter die Schlüssel wegnimmt).

Eine außerordentliche Kündigung durch den *Vermieter* kann auf folgende Gründe gestützt werden:

- erhebliche Gefährdung der Mietsache durch Vernachlässigung durch den Mieter;
- nachhaltige Hausfriedensstörung;
- Verzug mit der Zahlung der Kaution;
- Zahlungsverzug des Mietzinses über mindestens zwei Monatsmieten.

Muss der Vermieter vor der fristlosen Kündigung abmahnen?

Die fristlose Kündigung ist grundsätzlich erst nach erfolgloser Abmahnung zulässig, wenn der wichtige Grund in einer Pflichtverletzung des Mieters liegt. Die Abmahnung bezweckt, dem Mieter unmissverständlich deutlich zu machen, dass ein bestimmtes vertragswidriges Verhalten nicht mehr hingenommen wird.

In Ausnahmefällen ist eine Abmahnung allerdings entbehrlich. Dies kann zum Beispiel dann der Fall sein, wenn sie keinen Erfolg verspricht oder wenn der Pflichtverstoß des Mieters dermaßen schwer wiegt, dass eine sofortige Kündigung gerechtfertigt ist.

Kann man per E-Mail oder Chatprogramm kündigen?

Die modernen Kommunikationsmittel sind unglaublich bequem und vor allem schnell. Wenn der Ablauf der Kündigungsfrist droht, wird mancher zum Beispiel zur E-Mail greifen, wo ein Brief bereits zu spät käme.

Das hilft aber leider nichts: Die Kündigung des Mietverhältnisses bedarf der schriftlichen Form, heißt es in § 568 Abs. 1 BGB. Es muss also per Brief mit Originalunterschrift gekündigt werden. Kündigungen per E-Mail, Messenger oder Fax sind unwirksam. Das gilt sowohl für Mieter als auch für Vermieter.

Der Mieter kann seine Kündigung zurücknehmen

Der Mieter hat seine Wohnung gekündigt. Doch dann klappt es nicht mit der neuen Wohnung, der berufsbedingte Wohnortwechsel zerschlägt sich, oder das Zusammenziehen mit der Lebensgefährtin hat sich erledigt. Da der Mieter das vom Onlineshopping so gewohnt ist, »widerruft« er flugs seine Kündigung.

Auch das ist ein Rechtsirrtum. Die Kündigung ist eine einseitige und empfangsbedürftige Willenserklärung. Sie wird mit Zugang beim Vermieter wirksam und kann nicht zurückgenommen werden. Der Vermieter kann anschließend auf dem Auszug des Mieters bestehen, sofern sich beide nicht auf eine Fortsetzung des Mietverhältnisses einigen.

Wer keine Miete zahlt, kann gleich seine Sachen packen

So schnell, wie manche Vermieter hoffen und viele Mieter fürchten, geht das nicht mit dem Zwangsauszug wegen ausbleibender Mietzahlung. Der Mieter muss mit mindestens zwei Monatsmieten im Rückstand sein, bekundet § 543 Abs. 2 Nr. 3 BGB. Erst dann darf der Vermieter ihm außerordentlich kündigen. Zieht der Mieter nicht freiwillig aus, muss der Vermieter eine Räumungsklage erheben. Dabei kann der Mieter die Zahlung noch bis zum Ablauf von zwei Monaten nach Eintritt der Rechtshängigkeit einer Räumungsklage nachholen. Wenn er also innerhalb von zwei Monaten nach Zustellung der Klage zahlt, kann er in der Wohnung bleiben.

Das Jobcenter ist schuld ...

Diesen Einwand bringen gekündigte Mieter häufig vor: Man hat es versäumt, rechtzeitig Arbeitslosengeld zu beantragen, das Jobcenter findet die Wohnung zu groß oder zu teuer, oder es hat eine – selbstredend unberechtigte – Leistungskürzung vorgenommen.

Den Schwarzen Peter dem Jobcenter zuzuschieben rettet den Mieter nicht vor der Räumung. Die Gründe, warum man die Miete nicht überwiesen hat, sind nämlich regelmäßig irrelevant. Der Mieter ist Vertragspartner des Vermieters, nicht das Jobcenter. Wie der Mieter das Geld für die Miete aufbringt (oder warum er das nicht schafft), braucht den Vermieter nicht zu interessieren.

Kann ich in der Wohnung bleiben, auch wenn ich nur einen Teil der Miete überweise?

Es ist eine beliebte Fehlannahme, dass man nicht aus der Wohnung fliegen kann, wenn man nur einen Teil der Miete schuldig bleibt. Die fristlose Kündigung ist nämlich auch berechtigt, wenn über einen längeren Zeitraum Zahlungsrückstände in Höhe von insgesamt zwei Monatsmieten auflaufen, so § 543 Abs. 2 Nr. 3 a BGB.

In diese Falle tappen auch Mieter, die großzügig die Miete mindern. Wenn sich die Mietminderung später als unberechtigt oder zu groß herausstellt, können sie Mietrückstände angehäuft haben, die den Vermieter zur fristlosen Kündigung berechtigen.

Die Miete ein paar Tage
später zahlen

Nicht jeder Mieter bekommt sein Gehalt zum Ersten eines Monats gezahlt. Häufig geht das Geld erst am 15. bei ihm ein. Selbstständige wiederum haben unregelmäßige Einnahmen. Auf ein paar Tage mehr oder weniger wird es nicht ankommen, denkt da mancher Mieter – Hauptsache ist doch, der Vermieter bekommt sein Geld, oder?

Doch weit gefehlt. Die Miete ist nach § 556 b Abs. 1 BGB spätestens bis zum dritten Werktag eines Monats zu zahlen. Die meisten Mietverträge nehmen auf diese gesetzliche Regelung Bezug. Wiederholt unpünktliche Mietzahlungen sind nach der Rechtsprechung des Bundesgerichtshofs ein wichtiger Grund für die fristlose Kündigung.[1]

Mieter nutzt Garten als Toilette

Der Mieter einer Erdgeschosswohnung machte es sich zur Gewohnheit, den Garten als Toilette zu benutzen. Er urinierte auf Bäume, Sträucher und den Rasen. Auch entleerte er in sich in Eimer, in die er zusätzlich Obstreste tat, um dadurch Dünger zu gewinnen. Der Uringestank war bis in den siebten Stock wahrnehmbar.

Mehrmals beschwerten sich die Nachbarn darüber beim Vermieter. Das stinke so zum Himmel, dass sie nicht mehr auf dem Balkon sitzen könnten.

Weil eine Abmahnung nichts half, kündigte der Vermieter den Mietvertrag fristlos und klagte auf Räumung. Zu Recht, wie das Amtsgericht Köln entschied.[2] Die Kündigung habe das Mietverhältnis wirksam beendet, denn der Mieter habe seine Pflichten aus dem Mietvertrag grob verletzt und den Hausfrieden nachhaltig gestört, indem er trotz Abmahnung den Garten vor dem Mietshaus als Toilette benutzt habe.

Fristlose Kündigung für »Fensterln?«

Beim Fensterln handelt es sich um eine in Bayern früher halbwegs gebräuchliche Tradition der Brautwerbung. Dabei machte der Mann nachts heimlich der Geliebten seine Aufwartung, indem er mithilfe einer Leiter zum betreffenden Fenster hinaufkletterte.

Von diesem Gedanken beseelt, stieg der Beklagte, der im selben Frankfurter Mietshaus wie die Betroffene wohnte, nach Mitternacht angetrunken mittels zweier zusammengebundener Leitern im ersten Obergeschoss in die Wohnung einer anderen Mieterin ein. Die war über seine Aufwartung gar nicht begeistert und rief um Hilfe. Der Kläger – der Vermieter – kündigte darauf dem Beklagten fristlos.

Das Amtsgericht Frankfurt bestätigte die Kündigung.[3] Das nächtliche Einsteigen durch ein Fenster in eine fremde Wohnung gegen den Willen der Mitmieterin stelle eine nachhaltige Störung des Hausfriedens dar, der zu einer Kündigung auch ohne Abmahnung gemäß § 554a BGB berechtige. Das nächtliche Eindringen in eine im ersten Stock liegende Wohnung könne auch nicht zu den etwas derberen Streichen, die in anderen Landesteilen als Bestandteil des kulturellen Erbes gelten mögen, gerechnet werden. In der Stadt Frankfurt gelte ein nächtliches Einsteigen in fremde Wohnungen gegen den Willen der Bewohner nicht als Bestandteil eines kulturellen Erbes und erfülle vielmehr den Tatbestand des Hausfriedensbruchs gemäß § 123 StGB.

Kann man wegen eines einmaligen Wutanfalls aus der Wohnung fliegen?

Der Mieter wollte seinen Mittagsschlaf halten – da warf der Hausmeister direkt vor seinem Balkon den Laubbläser an. Er ging daraufhin raus und bat den Hausmeister, den Laubbläser auszuschalten, weil er sonst nicht schlafen könne. Der Hausmeister lehnte die Bitte ab. Daraufhin flippte der – wohl leicht betrunkene – Mieter völlig aus: Er schubste den Hausmeister, zog aggressiv an seiner Jacke und beschimpfte ihn als »Arschloch« und »Scheißausländer«. Vier Tage später wurde dem Mieter fristlos gekündigt.

Die Kündigung sei unwirksam, argumentierte der Mieter vor Gericht. Schließlich sei das ein einmaliger »Ausraster« gewesen, er habe den Hausfrieden nicht nachhaltig gestört.

Doch die Räumungsklage des Vermieters hatte beim Amtsgericht Gronau Erfolg.[4] Ärger über eine Ruhestörung mittags sei zwar verständlich, rechtfertige aber weder eine verbale noch eine körperliche Attacke. Grobe Beleidigungen und ein tätlicher Angriff auf einen Mitarbeiter der Hausverwaltung seien so gewichtig, dass es für den Vermieter danach nicht mehr zumutbar sei, das Mietverhältnis mit dem Angreifer fortzusetzen. Daher sei die Kündigung wirksam: Der Mieter müsse ausziehen. Da sich in dem Mietshaus auch die Hausverwaltung befinde, hätten sich die Kontrahenten auch in Zukunft regelmäßig getroffen. Das sei nach so einer Auseinandersetzung für den Hausmeister unzumutbar. Da man nach so einem Vorfall davon ausgehen könne, dass das Vertrauensverhältnis zwischen Vermieter und Mieter irreparabel zerrüttet sei, habe der Vermieter den Mieter nicht erst abmahnen müssen, bevor er ihm kündigte.

Eigentor per Facebook

Es kam zum Konflikt, weil sich Nachbarn beim Vermieter über die laute Musik eines Mieters beschwert hatten. Später teilte der Mieter folgenden Beitrag öffentlich auf seinem Facebook-Profil: »Toll, habe Querulanten als Nachbarn. Vermieter war eben bei mir und droht mit Kündigung [vier lachende Smileys]. Dieser Huso kann mich mal!« Einen Ausdruck dieses Facebook-Beitrags schickten die Nachbarn dem Vermieter.

Zu Recht habe daraufhin der Vermieter das Mietverhältnis wegen Beleidigung gekündigt, entschied das Amtsgericht Düsseldorf.[5] Es gab der Räumungsklage des Vermieters statt. Die Bezeichnung »Huso« werde allgemein als Abkürzung für das Wort »Hurensohn« benutzt. Obwohl Prostitution mittlerweile ein legaler Beruf sei, werde dieses Wort bekanntlich in sehr vielen Ländern als Schimpfwort gebraucht (*son of a bitch*). Wenn der Mieter darauf verweise, »Huso« könne auch Hundesohn bedeuten, ändere das nichts: Auch dieses Wort stelle eine Beleidigung und einen Angriff auf die persönliche Würde des Vermieters dar.

Darf der Vermieter kündigen, wenn Besucher den Hausfrieden stören?

Der Lebensgefährte der Beklagten war häufig bei ihr zu Besuch, lebte aber nicht in ihrer Wohnung. Er geriet immer wieder mit anderen Mietern in Streit und beleidigte sie (»Arschloch«, »blöde Sau«, »Schlampe«). Der Vermieter kündigte wegen Störung des Hausfriedens.

Zu Recht, entschied das Amtsgericht München.[6] Die Mieterin war verpflichtet, dafür zu sorgen, dass ihr Besucher die Rechte des Vermieters und der anderen Mieter wahrt. Sie haftete für dessen Pflichtverletzungen genauso wie für eigene.

Kann Cannabisanbau die Wohnung kosten?

Die Vermieterin stellte fest, dass der Mieter in seiner Wohnung Marihuana rauchte. Die herbeigerufene Polizei fand in seiner Wohnung und seinem Keller eine Vielzahl von Cannabispflanzen – er hatte Wohnung und Keller zum perfekt organisierten Anbau von Cannabis genutzt, unter Einsatz eines speziellen »Growschranks«, der ganzjährig gute Wachstumsbedingungen ermöglichte. Die Vermieterin schickte dem Mieter daraufhin die fristlose Kündigung. Dieser führte medizinische Gründe ins Feld, die ihn zum Marihuanakonsum veranlasst hätten.

Das Amtsgericht Karlsruhe bejahte den Räumungsanspruch.[7] Mit dem Cannabisanbau habe der Mieter die Wohnung schlichtweg für eine Straftat benutzt, und zwar in einem Umfang, der weit entfernt von einer Bagatelle sei. Schon die vorgefundene Ausrüstung spreche gegen einen unerheblichen und nur einmaligen Vorfall. Solch schwerwiegende Verstöße müsse ein Vermieter nicht hinnehmen und sich auch nicht mit einer Abmahnung begnügen. Das »Medizin-Argument« überzeugte das Gericht nicht, zumal der Mieter bis zuletzt keinerlei ärztliche Bescheinigungen vorlegen konnte.

Wohnungskündigung wegen Falschparkens?

Die Mieter parkten ihren Wagen in der Grundstückseinfahrt, was laut Mietvertrag jedoch nicht zulässig war. Nachdem sie beim ersten Mal abgemahnt wurden, folgte nach zwei weiteren Parkverstößen schließlich die ordentliche Kündigung durch die Vermieterin. Gegen diese wehrten sich die Mieter mit der Begründung, sie hätten ihr Auto immer nur be- bzw. entladen.

Das Landgericht München aber gab der Räumungsklage statt.[8] Die Vermieterin konnte den Nachweis erbringen, dass das

Fahrzeug 30 bzw. 45 Minuten auf der streitgegenständlichen Grundstückseinfahrt parkte. Zudem entlarvten Satellitenbilder, die ein Bild von der Parksituation darstellten, dass die Beklagten ihr Auto problemlos ein paar Meter entfernt von der Einfahrt hätten abstellen können.

Rauswurf wegen Mängelrügen?

Das klingt erst mal kurios, weil es das gute Recht eines Mieters ist, Mängel zu rügen. Doch in dem vom Landgericht Bielefeld entschiedenen Fall hatte es der Mieter übertrieben:[9] Er hatte seinem Vermieter 174 Mängelrügeschreiben in 14 Wochen geschickt. Das Gericht bestätigte daher die fristlose Kündigung. Unabhängig von der Frage, ob durch die außerordentliche Vielzahl von Mängelrügeschreiben der Hausfrieden erheblich gestört worden sei, sei jedenfalls das Vertrauensverhältnis zwischen Kläger und Beklagtem endgültig zerstört, und zwar als Folge des vom Beklagten gestarteten »Bombardements« mit Mängelrügeschreiben aller Art. Hierin sei auch eine bewusste und damit schuldhafte Beeinträchtigung der Interessen des Vermieters zu sehen.

Rache-E-Mails können ein Bumerang sein

Die Mieterin wohnte im selben Haus wie der Vermieter mit seiner Ehefrau. Kurz nach ihrem Einzug begannen Vermieter und Mieterin eine Affäre. Nach rund einem Jahr wollte der Vermieter seine Geliebte jedoch loswerden und verlangte ihren Auszug.

Die Mieterin dachte aber gar nicht daran auszuziehen. Stattdessen schrieb sie unter dem Briefkopf »Deutscher Mieterbund« eine E-Mail an die betrogene Ehefrau und klärte sie detailliert über die Affäre auf. Dem Vermieter war klar, von wem die E-Mail tatsächlich kam, und er kündigte fristlos.

Das Amtsgericht Gießen sah in der Rache-E-Mail eine schwere, die fristlose Kündigung rechtfertigende Vertragsverletzung.[10] Die E-Mail hatte nur den Zweck, dem Kläger Schwierigkeiten zu machen, sich wegen der Räumungsaufforderung zu rächen und die Ehefrau des Klägers zu verletzen.

Gratisstrom aus der Steckdose im Treppenhaus

Einer Mieterin war wegen Zahlungsschwierigkeiten der Strom abgestellt worden. Sie zapfte sodann die Stromleitung im Treppenhaus des Mehrparteienhauses an. Nach Angabe der Vermieterin habe sie fast drei Monate lang ihren Wohnungsstrom vom Allgemeinstrom bezogen. Die Vermieterin kündigte ihr deswegen fristlos.

Nach dem Urteil des Amtsgerichts Frankfurt a. M. berechtigte der Stromdiebstahl die Klägerin auch ohne Abmahnung zur fristlosen Kündigung.[11] Stromdiebstahl stelle eine Straftat dar und eine schwere Störung des Hausfriedens. Dies sei zudem ein schwerer Vertrauensbruch und berechtige zur fristlosen Kündigung.

Wie man den Vermieter besser nicht nennen sollte ...

Der Vermieter sprach seinen Mieter wegen offener Mieten an. Dieser antwortete mit einem verbalen Angriff: »Du kannst mich am Arsch lecken, du verrücktes Arschloch.« Der Vermieter meinte empört, dies könne er doch nicht ernst meinen. Daraufhin bezeichnete der Mieter ihn nochmals als »Arschloch«.

Der Mieter durfte daraufhin seine Sachen packen. Laut Landgericht Köln rechtfertigt das bewusste, wiederholte grobe Beleidigen des Vermieters die fristlose Kündigung des Mietvertrages.[12]

Wenn der Nachbar dreimal klopft

Bei einem geselligen Umtrunk soll ein Wohnungsnachbar die Freundin des Beklagten beleidigt haben. Also schnappte sich der Beklagte einen Holzhammer und schlug damit die Wohnungstür des Nachbarn ein. Sie wurde zerstört und musste ausgetauscht werden. Die Vermieterin kündigte ihm fristlos.

Das Amtsgericht Melsungen verurteilte den Beklagten zur Räumung.[13] Das Einschlagen der Wohnungseingangstür eines Nachbarmieters mit einem Holzhammer stelle eine solch gravierende Verletzung der mietvertraglichen Verpflichtungen und eine so nachhaltige Störung des Hausfriedens dar, dass eine fristlose Kündigung des Mietverhältnisses gerechtfertigt sei.

Steht dem Mieter ein Recht auf Vermüllung zu?

Ein Mieter hatte seine Wohnung vollkommen zugemüllt. Der Vermieter kündigte ihm daher fristlos.

Grundsätzlich ist eine Kündigung solch eines »Messie-Mieters« nur möglich, wenn eine tatsächliche und gefährliche Gefährdung der Mietsache vorliegt. Das Landgericht Berlin verneinte dann auch eine fristlose Kündigung:[14] Grundsätzlich könne sich der Mieter bis zu den Grenzen einer solchen Gefährdung die Mietsache nach seinem Geschmack gestalten, auch wenn dies nach außen als chaotisch oder unordentlich erscheinen möge. Es sei hier nicht vorgetragen, dass es irgendwelche nach außen tretende Beeinträchtigungen – insbesondere durch

Geruch oder Ungeziefer – gebe oder dass der Brandschutz nicht gewährleistet sei.

Nach dieser Entscheidung steht dem Mieter ein Recht auf Vermüllung seiner Wohnung zu.

Wildwest im Treppenhaus

Ein Vermieter brachte seinem Mieter Post. Es kam zu einem Streit zwischen ihnen. Plötzlich zog der Mieter eine Pistole und richtete sie auf den Vermieter. Postwendend folgte die fristlose Kündigung.

Das Amtsgericht Warendorf machte kurzen Prozess:[15] Zieht der Mieter im Streit mit dem Vermieter eine Pistole, ohne dass ein Angriff abzuwehren wäre, ist die fristlose Kündigung begründet. Durch diese massiv einschüchternde Handlung ist dem Kläger eine Fortsetzung des Mietverhältnisses mit dem Beklagten nicht mehr zuzumuten.

»Ich schneide euch die Hälse durch.«

Der Beklagte fuchtelte im Treppenhaus mit einem langen Metzgermesser herum und bedrohte andere Mieter. Es brauchte nicht einmal eine Räumungsklage: Das Amtsgericht München erließ aufgrund der unmittelbaren Bedrohung durch den Mieter eine einstweilige Verfügung auf sofortige Räumung der Wohnung.[16]

Stören Mord und ein Waffenlager den Hausfrieden?

Der Beklagte erschoss mit einer doppelläufigen Schrotflinte vor einer Bar – circa 30 Meter von der Wohnung entfernt – einen Mann. Im Anschluss an die Tat kam es zu Polizeieinsätzen im

Wohnhaus des Klägers und zur Durchsuchung der Wohnung des Beklagten. Neben der Tatwaffe wurden dort weitere Waffen sowie Munition gefunden. Der Beklagte wurde festgenommen und kam anschließend in Untersuchungshaft.

Der Kläger kündigte das Mietverhältnis fristlos wegen »erheblicher Störung des Hausfriedens«. Der Beklagte wollte diese Kündigung jedoch nicht akzeptieren, und so traf man sich vor dem Amtsgericht Neukölln wieder. Es bestätigte die fristlose Kündigung.[17] Der Mord durch den Mieter und die Lagerung von Waffen und Munition in der Wohnung führe zu einer »subjektiv empfundenen Bedrohungslage«, die weder Vermieter noch Mitmieter des Hauses hinnehmen müssten.

Eigenbedarf bedeutet Auszug für den Mieter – immer?

Ganz so einfach ist es nicht. Der Vermieter kann wegen Eigenbedarfs kündigen, wenn er die Räume als Wohnung für sich, seine Familienangehörigen oder Angehörige seines Haushalts benötigt, so liest man in § 573 Abs. 2 Nr. 2 BGB. Es müssen diese Voraussetzungen vorliegen:

1. *Berechtigter Personenkreis*

Der Vermieter kann für folgende Personen Eigenbedarf anmelden: Kinder (einschließlich Stiefkinder), Ehe- und Lebenspartner, Eltern, Schwiegereltern, Geschwister, Enkelkinder, Großeltern, Neffen und Nichten, Haushaltshilfen und Pflegepersonal.

Wegen weiter entfernt verwandten oder verschwägerten Familienangehörigen, wie zum Beispiel Cousin und Cousine, Tante, Onkel, Freunde, Eltern der Lebensgefährtin, Schwager oder Schwägerin oder Ehepartner nach Scheidung, kann kein Eigenbedarf geltend gemacht werden.

2. *Vernünftige, nachvollziehbare Gründe für eine Kündigung wegen Eigenbedarfs*

Der Vermieter muss zum Zeitpunkt der Kündigung vernünftige, nachvollziehbare Gründe darlegen, aus denen sich der Eigenbedarf ergibt. Als solche sind in der Rechtsprechung zum Beispiel anerkannt: Umzug wegen der Nähe zum Arbeitsplatz; Änderung der Lebensumstände und das Bedürfnis, die Wohnung zu vergrößern bzw. zu verkleinern, etwa durch Kinderwunsch, Scheidung u. Ä.; ein naher Angehöriger benötigt eine eigene Wohnung; der Vermieter benötigt Ersatzwohnraum, weil ihm selbst gekündigt wurde; oder pflegebedürftige Angehörige sollen im Haushalt aufgenommen werden.

Wird Eigenbedarf manchmal vorgetäuscht?

Ja, in der Praxis wird Eigenbedarf oft vorgetäuscht. Aufgrund des weitreichenden Kündigungsschutzes für Mieter kann der Vermieter ihm lästige Mieter nicht einfach so rauswerfen. Die einzige legale Möglichkeit, einen vertragstreuen Mieter loszuwerden, ist die Eigenbedarfskündigung. Oft sind dieser diverse Streitigkeiten über eine Mieterhöhung oder die Nachzahlung von Betriebskosten vorausgegangen. Dass der Eigenbedarf nur vorgetäuscht war, stellt sich meist erst nach Auszug des Mieters heraus. Nämlich dann, wenn die behauptete Selbstnutzung nicht in die Tat umgesetzt wird.

Ein typischer Fall:[18] Ein Vermieter beabsichtigte, seine vermietete Eigentumswohnung zu verkaufen, fand jedoch aufgrund des bestehenden Mietverhältnisses zunächst keinen Käufer. Also kündigte er wegen Eigenbedarfs. Der Vermieter erklärte zur Rechtfertigung der Eigenbedarfskündigung, er lebe getrennt von seiner Ehefrau, deshalb brauche er die Wohnung für sich selbst. Außerdem beabsichtige er, seinen beruflichen Einsatzort in den Bereich der Eigentumswohnung zu verlegen. Die Mieter zogen zähneknirschend aus, wobei die Frau schwanger war. Später erfuhren sie, dass der Vermieter seine Eigentumswohnung gar nicht bezogen hatte, sondern diese verkauft hatte. Er hatte den Eigenbedarf nur vorgetäuscht, um die Wohnung mieterfrei verkaufen zu können. Das Landgericht Düsseldorf verurteilte den Vermieter wegen Betrugs zu einer Geldstrafe.

Gibt es übersteigerten Wohnbedarf des Vermieters?

Rechtsmissbräuchlich und damit unzulässig ist die Kündigung, wenn der Vermieter dabei einen weit überhöhten Eigenbedarf geltend macht. In einem vom Landgericht Bremen entschiedenen Fall[19] hatte der Vermieter eine 105 m² große Dreizimmer-Penthousewohnung gekündigt, um diese seiner 18-jährigen Tochter zu überlassen, die noch Schülerin war; er versuchte, auf dieser Basis den Mieter aus der Wohnung zu klagen.

Das Landgericht verneinte den Eigenbedarf, denn der von der Tochter des Klägers beanspruchte Wohnraum überschreite bei Weitem den üblichen und selbst bei einem gehobenen Lebensstil als angemessen zu betrachtenden Wohnbedarf. Der Mieter durfte in der Wohnung bleiben.

Bei hohem Alter des Mieters oder langer Mietdauer darf nicht wegen Eigenbedarfs gekündigt werden – oder?

Ein weitverbreiteter Irrglaube von Mietern ist, sie könnten nach längerer Mietdauer oder in hohem Alter nicht gekündigt werden. Eine Kündigung wegen Eigenbedarfs sei dann nicht mehr möglich.

Das ist falsch. Mieter mit langer Lebens- oder Mietdauer genießen keine Sonderrechte. Grundsätzlich sind sie zu behandeln wie alle anderen Mieter auch. Auch einem betagten Mieter,
der seit einigen Jahrzehnten in der Wohnung lebt, kann wegen
Eigenbedarfs gekündigt werden. Das Gericht könnte ihm allen-
falls eine längere Räumungsfrist zubilligen.

Eigenbedarf wegen Schnarchens

Ein Vermieter meldete Eigenbedarf bei einer seiner Wohnungen
an. Er bewohnte selbst eine Wohnung im gleichen Haus, benö-
tigte aber noch eine zweite, da er als notorischer Schnarcher
seiner Frau nachts den Schlaf raube. Sie brauche dringend ein
eigenes Schlafzimmer. Daher müsse der Mieter aus der Nachbarwohnung raus.

Das Amtsgericht Sinzig gab dem Vermieter recht.[20] Für das
Gericht sei es nachvollziehbar und auch vernünftig, dass der
Kläger einen weiteren Raum zur Eigennutzung wünsche, in dem
seine Frau getrennt von ihm schlafen könne. Sie habe überzeu-
gend dargetan, dass sie aufgrund des Schnarchens ihres Mannes nicht mehr im gemeinschaftlichen Schlafzimmer schlafen
könne, sondern die Nächte auf der Couch im Wohnzimmer ver-
bringe.

Darf der Vermieter dem Mieter Strom, Wasser und Heizung abstellen?

Ein Mieter zahlt keinen Mietzins und zieht trotz erfolgter Kündigung nicht aus, verbraucht aber gleichwohl Wasser, Strom und
produziert Heizkosten, ohne auch nur diese Betriebskosten zu
zahlen. Mancher Vermieter greift in dieser Situation zur soge-
nannten »sibirischen Räumung«: Er dreht dem Mieter Strom,

Wasser und Heizung ab in der Hoffnung, dass dies den Auszug des Mieters beschleunigt. Doch darf er das?

Nach einer Entscheidung des Bundesgerichtshofs ist der Vermieter nach Beendigung des Mietverhältnisses nicht mehr zur Belieferung von Versorgungsleistungen verpflichtet.[21] Eine über die Vertragsbeendigung hinausgehende Versorgungsverpflichtung würde allein den Interessen des Mieters dienen, dem Vermieter indes drohe ein stetig wachsender finanzieller Schaden.

Diese Entscheidung des Bundesgerichtshofs erging zu einem Gewerbemietvertrag. Sie wird allerdings zunehmend auch auf Wohnraummietverhältnisse übertragen.[22]

Wenn der Vermieter Sturm klingelt, darf die Mieterin dann bleiben?

Eine Vermieterin setzte wegen erheblicher Mietrückstände ein Kündigungsschreiben auf und beauftragte ihre Tochter, der Mieterin dieses zu überbringen. Im Räumungsrechtsstreit verteidigte sich die Mieterin gegen den die Kündigung begründenden Mietrückstand mit einer kuriosen Begründung:[23] Die Tochter der Vermieterin habe vor Übergabe des Schreibens an der Wohnungstür Sturm geklingelt. Dadurch habe die Vermieterin in ihre Privatsphäre eingegriffen, ihre Gesundheit beschädigt und die Ausübung ihrer elterlichen Sorge beeinträchtigt. Ihre 17-jährige Tochter habe nämlich aufgrund des Sturmklingelns Angstzustände bekommen und sei in der Folge zu ihrem Vater gezogen. All dies begründe einen Schadensersatzanspruch in Höhe von 15 000 Euro, mit dem die Mieterin sodann die Aufrechnung gegen die Mietforderung erklärte und im Übrigen Widerklage erhob.

Das Amtsgericht München gab der Räumungsklage trotzdem statt. Ein zur Aufrechnung stehender Schadensersatzanspruch der Mieterin sei nämlich nicht erkennbar. Das Übergeben von Schriftstücken an der Haustür oder an der geöffneten Wohnungstür stelle keinen Eingriff in die Privatsphäre dar. Auch im Sturmklingeln sei kein solcher Eingriff zu sehen. Der Mieterin habe es im Übrigen freigestanden, nicht zu öffnen. Zudem sei, selbst wenn man darin einen Eingriff sehen würde, dieser jedenfalls unerheblich und nicht geeignet, einen Schadensersatzanspruch zu begründen. Der Vermieterin sei ein nachvollziehbares Interesse daran zuzubilligen, wichtige Schreiben, zum Beispiel die Kündigung, persönlich der Mieterin zu übergeben.

»Kalte Räumung« durch Dachabriss

Eine Vermieterin wollte das Mietshaus sanieren. Doch mit den Dachgeschossmietern kam keine Einigung zustande. Die Vermieterin hatte es aber eilig und ließ in dem noch bewohnten Objekt Dach und Wände abreißen. Als das Mieterpaar einige Tage später nach Hause kam, traute es seinen Augen nicht: Die Wohnung glich einem Trümmerfeld – die Fenster waren heraus- und Wände eingerissen, das Dach fehlte und die Möbel waren verdreckt. Die Wohnung war inzwischen außerdem schon an einen Dritten weitervermietet.

Das Amtsgericht Köln gab einem Antrag der Mieter auf Erlass einer einstweiligen Verfügung statt.[24] Der Vermieterin wurde aufgegeben, die Bewohnbarkeit der Wohnung wiederherzustellen, insbesondere Decke, Außenwände und Fenster wieder zu errichten. Ein Vermieter, der ohne Zustimmung des Mieters mit Sanierungsarbeiten in dessen Wohnung (hier: Entfernung von Decken, Fenstern und teilweise der Innenwände) beginne, begehe eine verbotene Eigenmacht. Gleichzeitig untersagte das Gericht der Vermieterin die Weitervermietung der verwüsteten Wohnung.

Kann der Mieter mitsamt alle Sachen ausziehen, wenn er Mietschulden hat?

Nein. Der Vermieter hat für seine Forderungen aus dem Miet-verhältnis ein Pfandrecht an den eingebrachten Sachen des Mie-ters – das regelt § 562 BGB. Er kann diese daher in Besitz neh-men.

Nicht dem Vermieterpfandrecht unterliegen allerdings dem persönlichen Gebrauch oder dem Haushalt dienende Sachen, also zum Beispiel Bett, Kleidung oder Waschmaschine.

Darf der Vermieter per Räumungsurteil die Schlösser austauschen?

Nein, er darf den Mieter trotz eines Urteils nicht eigenmächtig vor die Tür setzen. Er muss einen Gerichtsvollzieher mit der Räumung beauftragen.

Das große Finale

Die Rückgabe der Wohnung ist konfliktträchtig und voller Fehleinschätzungen auf beiden Seiten. Für den Vermieter ist sie der Tag der großen Abrechnung: Fast immer ist er vom Zustand der Wohnung maßlos enttäuscht, und er möchte noch viel Geld vom Mieter. Dieser dagegen möchte am liebsten in einer Nacht-und-Nebel-Aktion ausziehen, dem Vermieter die Schlüssel in den Briefkasten werfen und – vor allem – nichts mehr nachzahlen.

Wenn der Mieter auszieht, endet dann das Mietverhältnis automatisch, und er muss ab diesem Zeitpunkt keine Miete zahlen?

Der Mieter zieht in einer Nacht-und-Nebel-Aktion aus und wirft dem Vermieter die Schlüssel in den Briefkasten. Der Mieter meint, damit habe sich die Sache für ihn erledigt, er müsse ab sofort keine Miete mehr zahlen.

Falsch gedacht. Für das Ende des Mietverhältnisses ist nicht der Auszug, sondern die Kündigungsfrist entscheidend. Zieht der Mieter vor deren Ablauf aus, entfällt für ihn nicht die Pflicht, Miete zu zahlen. Der Vermieter darf die Wohnung leer stehen lassen und bis zum Ende der Mietzeit auf Zahlung der Miete bestehen.[1]

Übergabetermin

Der Vermieter drängt wie selbstverständlich auf eine Wohnungsübergabe. Dabei ist diese gesetzlich gar nicht vorgeschrieben. Der Mieter muss dem Vermieter bei Vertragsende nur den Besitz an der Mietsache verschaffen. Dies macht er durch Rückgabe sämtlicher Schlüssel. Die Schlüssel müssen dem Vermieter ausgehändigt werden. Das muss aber nicht im Rahmen eines Übergabetermins in der Wohnung erfolgen, sondern kann selbstverständlich auch im Büro oder am Wohnort des Vermieters geschehen.

Was ist unter »besenreiner« Rückgabe zu verstehen?

Über die Frage, wie sauber die Wohnung bei Rückgabe zu sein hat, entsteht oft Streit. Der Vermieter versteht unter besenrein blitzeblank, während der Mieter meint, einmal schnell durchkehren müsse reichen.

Nach einem wegweisenden Urteil des Bundesgerichtshofs beschränkt sich die Verpflichtung zur besenreinen Rückgabe der Mietwohnung auf die Beseitigung grober Verschmutzungen.[2] Der Mieter muss die Wohnung ordentlich fegen und grobe Verunreinigung beseitigen. Er muss aber nicht etwa Fenster putzen oder die Böden feucht wischen.

Muss der Vermieter der Rückgabe zustimmen?

Der Vermieter ist unzufrieden mit dem Zustand der Wohnung und sagt dem Mieter, dass er die Wohnung so nicht zurücknehmen werde. Der Mieter müsse noch Schäden beseitigen, Wände streichen oder eine Reinigung durchführen, bevor er ihn aus dem Mietverhältnis entlassen könnte. Dadurch soll der Mieter unter Druck gesetzt werden, die verlangten Arbeiten durchzuführen.

Es ist ein nicht seltener Rechtsirrtum von Vermietern, dass sie einer Rückgabe der Wohnung zustimmen müssten. Aber die Rückgabe der Mietsache ist nicht von einer Willenserklärung des Vermieters abhängig – es reicht aus, wenn der Mieter endgültig und ernsthaft den Besitz aufgibt und dem Vermieter die Möglichkeit einräumt, den Besitz zu übernehmen.

Der Vermieter darf die Rücknahme der Wohnung auch nicht verweigern, nur weil sich die Wohnung nicht in dem von ihm gewünschten Zustand befindet. Wenn der Mieter die Wohnung vollständig geräumt hat und die Schlüssel übergibt, hat er seine Rückgabepflicht gemäß § 546 BGB erfüllt. Der Vermieter muss die Wohnung dann annehmen. Allerdings kann der Vermieter Schadensersatz fordern, wenn die Wohnung nicht im vertragsgemäßen Zustand zurückgegeben wurde.

Der Mieter muss das Abnahmeprotokoll unterschreiben

Der Vermieter listet bei der Wohnungsübergabe akribisch alle Mängel und Schäden auf und fordert dann den Mieter zur Unterschrift auf. Er müsse unterschreiben, fügt er bei Zögern des Mieters drohend hinzu, er werde die Wohnung ohne Unterschrift nicht zurücknehmen.

Dass Abnahmeprotokolle unterschrieben werden müssen, ist jedoch ein weitverbreiteter Irrglaube. Es gibt keine gesetzliche Verpflichtung, dass der Mieter ein Übergabeprotokoll unterzeichnen muss. Keine Mietpartei kann von der anderen verlangen, an einem gemeinsamen Übergabeprotokoll mitzuwirken.[3]

Die Unterschrift unter ein Übergabeprotokoll will gut überlegt sein, denn die überwiegende Rechtsprechung geht von der Wirkung eines Schuldanerkenntnisses aus. Kommt es später zum Prozess, muss der Mieter sich am Inhalt des Protokolls festhalten lassen, er kann dagegen keine Einwendungen mehr erheben.

Was ist mit dem Geld für Einbauküche oder Bodenbelag bei Auszug?

Viele Mieter haben kräftig in ihre Wohnung investiert. Sie haben eine neue Küche eingebaut, Parkett verlegt oder Deckenstrahler eingebaut. Was wird aus ihren Investitionen bei Auszug, fragen sie sich.

Meist gehen sie leer aus. Gegenüber dem Vermieter gibt es keinen gesetzlichen Entschädigungsanspruch. Wenn der Mieter seine Einrichtung in der alten Wohnung zurücklässt, kann der Vermieter sie kostenlos übernehmen.

Der Mieter könnte versuchen, die Einrichtung dem Nachmieter zu verkaufen. Der kann die Sachen kaufen, muss es aber nicht.

Kann der Vermieter verlangen, dass der Mieter Einbauten entfernt?

Der Mieter hat Teppichboden verlegt, Regale eingebaut oder eine Deckenverkleidung angebracht. Grundsätzlich muss der Mieter freilich die Mieträume so hinterlassen, wie er sie übernommen hat.

Den Mieter trifft so gesehen eine Rückbaupflicht. Einigt er sich nicht mit dem Vermieter, kann dieser verlangen, dass der Mieter alle Ein- und Umbauten entfernt.

Endet das Mietverhältnis automatisch, wenn der Mieter stirbt?

Das glauben viele Mieter. Tatsächlich erlischt das Mietverhältnis nicht automatisch mit dem Tod des Mieters. Oft treten Mitbewohner – etwa die Eltern oder die Kinder – des Verstorbenen per Gesetz in dessen Mietvertrag ein. Wenn diese sich dann entscheiden, das Mietverhältnis nicht fortzuführen, tritt der Erbe des Verstorbenen in den Vertrag ein. Der Erbe muss den Vertrag kündigen, wenn er kein Interesse an der Wohnung hat.

Darf man in der eigenen Wohnung versterben?

Mit dieser kuriosen Rechtsfrage musste sich das Amtsgericht Tempelhof-Kreuzberg beschäftigen.[4] Der Mieter war allein in seiner Wohnung verstorben und seine Leiche erst nach ein paar Tagen entdeckt worden. Wegen des in der Wohnung herrschenden Verwesungsgeruchs wollte die Vermieterin die Kaution von 2000 Euro einbehalten. Die Erbengemeinschaft verklagte sie auf Rückzahlung der Kaution. Das Amtsgericht Tempelhof-Kreuzberg gab der Klage statt. Das Sterben in der gemieteten Wohnung und die Beeinträchtigung der Wohnung als Folge des Versterbens stelle keine Überschreitung des vertragsgemäßen Gebrauches dar.

Abkürzungsverzeichnis

AG	Amtsgericht
Abs.	Absatz
Art.	Artikel
BetrKV	Betriebskostenverordnung
BGB	Bürgerliches Gesetzbuch
BGH	Bundesgerichtshof
BVerfG	Bundesverfassungsgericht
GG	Grundgesetz
HeizkostenVO	Heizkostenverordnung
KG	Kammergericht
LG	Landgericht
m^2	Quadratmeter
Nr.	Nummer
OLG	Oberlandesgericht
S.	Satz
StGB	Strafgesetzbuch
WoVermRG	Gesetz zur Regelung der Wohnungsvermittlung

Anmerkungen

Einleitung

1 de.statista.com/statistik/daten/studie/237719/umfrage/vertei-
lung-der-haushalte-in-deutschland-nach-miete-und-eigentum/
2 www.bundesregierung.de/breg-de/suche/bauen-und-woh-
nen-1654766
3 www.destatis.de/DE/Themen/Gesellschaft-Umwelt/Wohnen/
Tabellen/eurostat-anteil-wohnkosten-haushaltseinkommen-
silc.html
4 www.mieterbund.de/presse/pressemeldung-detailansicht/ar-
ticle/59611-deutscher-mieterbund-legt-beratungs-und-pro-
zessstatistik-2020-vor.html

Kapitel 1

1 www.anwalt.de/rechtstipps/sexuelle-belaestigungen-auf-on-
line-verkaufsportalen-und-bei-der-wohnungssuche_170327.
html
2 AG Augsburg, Urteil vom 10. Dezember 2019 – 20 C 2566/19
3 LG Stuttgart, Urteil vom 15. Juni 2016 – 38 O 73/15 KfH

Kapitel 2

1 LG Stuttgart, Urteil vom 4. Oktober 2017 – 1 S 50/16
2 BGH, Urteil vom 5. Oktober 2016 – VIII ZR 222/15

Kapitel 3

1 AG München, Urteil vom 20. Mai 2015 – 415 C 3152/15
2 LG Berlin, Beschluss vom 16. Mai 2017 – 67 S 119/17
3 BGH, Urteil vom 8. Januar 2014 – VIII ZR 210/13
4 LG Berlin, Beschluss vom 3. Februar 2015 – 67 T 29/15;
   AG München, Beschluss vom 27. Mai 2020 – 473 C 20883/19
5 BGH, Urteil vom 14. Juli 2009 – VIII ZR 165/08
6 AG Schöneberg, Urteil vom 21. Mai 2008 – 6 C 158/08
7 Landgericht Kiel, Urteil vom 25. Oktober 2001 – 7 S 39/01

Kapitel 4

1 www.spiegel.de/wirtschaft/service/nebenkosten-was-ist-ent-
   halten-was-darf-abgerechnet-werden-a-1238276.html
2 BGH, Urteil vom 20. September 2006 – VIII ZR 103/06
3 www.handelsblatt.com/finanzen/steuern-recht/recht/neben-
   kostenabrechnung-das-meiste-kann-aussergerichtlich-beige-
   legt-werden/10065846-3.html
4 AG München, Urteil vom 8. Januar 2007 – 424 C 22865/06
5 AG Wiesbaden, Urteil vom 23. Februar 2007 – 93 C 6086/05
6 BGH, Urteil vom 31. Mai 2006 – VIII ZR 159/05

Kapitel 5

1 BGH, Urteil vom 8. Juli 2009 – VIII ZR 205/08
2 AG Köln, Urteil vom 6. April 1998 – 213 C 548/97
3 AG Stuttgart, Urteil vom 30. März 2021 – 35 C 5509/19
4 LG Berlin, Urteil vom 6. Februar 2015 – 63 S 236/14
5 LG Berlin, Urteil vom 20. April 2009 – 67 S 335/08
6 Amtsgericht Wuppertal, Urteil vom 14. Januar 1997 –
   34 C 262/96
7 AG Charlottenburg, Urteil vom 12. Juli 2010 – 213 C 94/10
8 AG Leipzig, Urteil vom 6. September 2004 – 164 C 6049/04
9 AG Hamburg, Urteil vom 10. Mai 2006 – 46 C 108/04

10   LG Berlin, Urteil vom 15. März 2011 – 65 S 59/10

11   AG Büdingen, Urteil vom 1. August 1997 – 20 C 372/97

12   AG München, Urteil vom 19. Oktober 2006 – 473 C 18682/06

13   AG Berlin-Tiergarten, Urteil vom 23. Dezember 2004 –
     3 b C 404/04

14   AG Berlin-Mitte, Urteil vom 24. Oktober 2012 – 7 C 90/12

15   AG Stuttgart, Urteil vom 14. November 2008 – 31 C 4679/08

16   AG München, Urteil vom 7. Oktober 1999 – 412 C 23697/99

17   AG Hamburg, Urteil vom 6. März 2005 – 49 C 165/05

18   LG Berlin, Urteil vom 20. Oktober 1992 – 65 S 70/92

19   AG Potsdam, Urteil vom 19. Juni 2014 – 26 C 492/13

20   AG Darmstadt, Urteil vom 3. Mai 1982 – 39 C 1706/81

21   LG Hamburg, Urteil vom 5. Juli 2001 – 333 S 13/01

22   AG Bonn, Urteil vom 25. März 2010 – 6 C 598/08

23   AG Tiergarten, Urteil vom 4. Oktober 1989 – 7 C 259/88

24   LG Berlin, Urteil vom 13. Januar 2004 – 64 S 334/03; AG Tem-
     pelhof-Kreuzberg, Urteil vom 4. Juni 2015 – 23 C 25/15

25   AG Wiesbaden, Urteil vom 10. Februar 1998 – 92 C 3285/97 –
     28

26   AG Leipzig, Urteil vom 27. September 2000 – 49 C 5267/00

27   LG Osnabrück, Beschluss vom 10. Februar 2017 – 12 S 18/17

28   AG Charlottenburg, Urteil vom 22. Juni 2006 – 233 C 47/06

Kapitel 6

 1   OLG Düsseldorf, Beschluss vom 15. Januar 1990 – 5 Ss (OWi)
     475/89 – (OWi) 197/89 I

 2   BGH, Beschluss vom 10. September 1998 – V ZB 11/98

 3   AG Frankfurt, Urteil vom 22. Mai 1996 – 33 C 1437/96

 4   BGH, Beschluss vom 22. August 2017 – VIII ZR 226/16

 5   LG Köln, Urteil vom 17. April 1997 – 1 S 304/96

 6   OLG Düsseldorf, Beschluss vom 25. Januar 1991 – 5 Ss (OWi)
     411/90 – (OWi) 181/90 I

 7   AG Hamburg-Wandsbek, Beschluss vom 3. September 1988 –
     715 II 75/87

8   AG Spandau, Urteil vom 25. Juni 2003 – 8 C 13/03
9   LG Hamburg, Beschluss vom 12. Juli 1995 – 317 T 48/95

Kapitel 7

1   BGH, Urteil vom 28. Juni 2006 – VIII ZR 124/05
2   BGH, Urteil vom 16. Januar 2015 – V ZR 110/14
3   AG Düsseldorf, Urteil vom 31. Juli 2013 – 24 C 1355/13
4   LG Düsseldorf, Urteil vom 26. Juni 2014 – 21 S 240/13 U
5   BGH, Urteil vom 18. Februar 2015 – VIII ZR 186/14
6   LG Düsseldorf, Urteil vom 28. September 2016 – 23 S 18/15
7   BGH, Urteil vom 16. Januar 2015 – V ZR 110/14
8   BGH, Urteil vom 28. Juni 2006 – VIII ZR 124/05; BGH, Urteil vom 5. März 2008 – VIII ZR 37/07; BGH, Urteil vom 18. März 2015 – VIII ZR 242/13
9   AG Brandenburg, Urteil vom 14. Juni 2019 – 31 C 249/17
10 AG Hamburg-Harburg, Urteil vom 21. September 1992 – 643 C 230/92
11 LG Braunschweig, Urteil vom 10. April 2007 – 6 S 313/06 (101)
12 AG Bonn, Urteil vom 2. Oktober 2014 – 201 C 334/13
13 www.sueddeutsche.de/muenchen/wolfratshausen/icking-der-duft-der-nachbarn-provoziert-1.3281392

Kapitel 9

1   BGH, Urteil vom 13. Januar 2009 – VIII ZR 48/09
2   BGH, Urteil vom 23. Juni 2004 – VIII ZR 361/03; BGH, Urteil vom 18. März 2015 – VIII ZR 21/13
3   BGH, Urteil vom 18. Juni 2008 – VIII ZR 224/07
4   OLG Stuttgart, Rechtsentscheid in Mietsachen vom 19. August 1993 – 8 REMiet 2/92
5   BGH, Urteil vom 20. Januar 1993 – VIII ZR 10/92

Kapitel 10

1   BGH, Urteil vom 4. Juni 2014 – VIII ZR 289/13
2   BGH, Urteil vom 4. Juni 2014 – VIII ZR 289/13
3   BGH, Urteil vom 4. Juni 2014 – VIII ZR 289/13
4   LG Frankfurt, Urteil vom 24. Mai 2002 – 2/17 S 194/01
5   LG Frankenthal, Urteil vom 30. September 2009 – 2 S 218/09;
    AG Frankfurt, Urteil vom 16. Januar 1998 – 33 C 2515/97 – 67;
    AG Schöneberg, Urteil vom 18. Mai 2004 – 15/11 C 592/03

Kapitel 11

1   BGH, Urteil vom 20. Januar 1993 – VIII ZR 10/92
2   BGH, Urteil vom 20. Januar 1993 – VIII ZR 10/92; BGH, Urteil
    vom 14. November 2007 – VIII ZR 340/06
3   BGH, Urteil vom 20. März 2013 – VIII ZR 168/12
4   BGH, Urteil vom 14. November 2007 – VIII ZR 340/06
5   LG Berlin, Urteil vom 18. Oktober 1988 – 64 S 234/85
6   AG Hamburg-Wandsbek, Urteil vom 23. Oktober 1990 –
    716c C 114/90
7   OLG Hamm, Urteil vom 11. April 1988 – 22 U 265/87
8   AG München, Urteil vom 12. Mai 2014 – 424 C 28654/13
9   LG Hannover, Urteil vom 23. März 2000 – 19 S 1968/99
10 LG Mainz, Urteil vom 26. Februar 2002 – 6 S 28/01
11 LG Karlsruhe, Urteil vom 12. Januar 2001 – 9 S 360/00
12 LG Essen, Urteil vom 21. Dezember 1990 – 1 S 497/90
13 AG Köpenick, Urteil vom 13. Juli 2000 – 17 C 88/00
14 AG Spandau, Urteil vom 11. November 2014 – 12 C 133/14
15 OLG Karlsruhe (Senat Freiburg), Beschluss vom 29. Dezember 2003 – 14 Wx 51/03
16 AG Hannover, Urteil vom 6. November 2013 – 502 C 7971/13
17 LG Frankenthal, Urteil vom 24. März 2021 – 2 S 199/20

Kapitel 12

1 AG Warendorf, Urteil vom 19. August 1997 – 5 C 414/97
2 AG Rendsburg, Urteil vom 16. Dezember 1994 – 18 (11) C 766–94
3 AG München, Urteil vom 3. Februar 2014 – 417 C 17705/13
4 AG Bonn, Urteil vom 17. Mai 2006 – 8 C 209/05
5 AG Lüdinghausen, Urteil vom 11. Oktober 2018 – 4 C 76/18
6 LG Lübeck, Urteil vom 20. Oktober 1992 – 6 S 48/92
7 www.sueddeutsche.de/bayern/prozess-in-landau-videospanner-von-wallersdorf-1.2025690

Kapitel 13

1 AG Halle (Saale), Urteil vom 14. März 2014 – 99 C 2552/13
2 BGH, Urteil vom 17. Juni 2015 – VIII ZR 290/14
3 BVerfG, Nichtannahmebeschluss vom 8. Dezember 2015 – 1 BvR 2921/15
4 LG Berlin, Urteil vom 8. April 2021 – 67 S 335/20

Kapitel 14

1 LG Berlin, Beschluss vom 20. Juni 1985 – 61 T 32/85
2 AG Berlin-Schöneberg, 9. Oktober 1990 – Az. 103 C 406/90
3 AG Halle (Saale), Urteil vom 1. April 2009 – 93 C 4044/08
4 BGH, Urteil vom 23. Oktober 2013 – VIII ZR 402/12

Kapitel 15

1 LG Kiel, Urteil vom 9. August 1990 – 1 S 136/89
2 AG Düsseldorf, Urteil vom 20. Januar 2015 – 42 C 10583/14
3 AG Zossen, Urteil vom 11. Juni 2015 – 4 C 50/15

Kapitel 16

1. www.berliner-mieterverein.de/magazin/online/mm0820/ab-struse-mietvertragsklauseln-in-der-luebecker-strasse-40-lautes-sprechen-im-treppenhaus-verboten-082014a.htm
2. AG Köln, Urteil vom 22. September 2004 – 209 C 108/04
3. AG Tübingen, Urteil vom 19. Juni 1978 – 6 C 381/78
4. LG Frankfurt, Urteil vom 27. Februar 1990 – 2/13 O 474/89; LG Düsseldorf, Beschluss vom 18. April 2008 – 21 T 38/08
5. LG Essen, Urteil vom 7. Februar 2002 – 10 S 438/01
6. OLG Düsseldorf, Beschluss vom 26. Mai 1995 – 5 Ss (OWi) 149/95 – (OWi) 79/95 I
7. BGH, Urteil vom 21. Februar 2018 – VIII ZR 255/16
8. LG Chemnitz, Urteil vom 21. Oktober 2011 – 6 S 27/11
9. LG Köln, Urteil vom 17. April 1997 – 1 S 304/96
10. AG Nürnberg, Urteil vom 27. März 1981 – 25 C 7389/80

Kapitel 17

1. LG Hamburg, Urteil vom 7. Mai 2015 – 333 S 11/15
2. AG Neukölln, Urteil vom 24. April 2003 – 7 C 21/03
3. AG Tempelhof-Kreuzberg, Urteil vom 5. Mai 1998 – 19 C 27/98
4. LG Hannover, Urteil vom 17. Oktober 2005 – 20 S 39/05; AG Recklinghausen, Urteil vom 27. Januar 2014 – 56 C 98/13
5. LG Berlin, Urteil vom 15. September 2009 – 63 S 487/08
6. OLG Hamm, Beschluss vom 20. April 1988 – 15 W 168–169/88
7. LG Hannover, Urteil vom 17. Oktober 2005 – 20 S 39/05
8. OLG Düsseldorf, Beschluss vom 22. Mai 1996 – 3 Wx 88/96
9. LG Köln, Urteil vom 2. Dezember 2016 – 10 S 99/16
10. AG Elmshorn, Urteil vom 25. Januar 2013 – 51 C 180/12
11. AG Münster, Urteil vom 31. Juli 2008 – 38 C 1858/08
12. AG Frankfurt, Urteil vom 27. Juni 2019 – 29 C 1220/19 (46)
13. LG Berlin, Urteil vom 23. Mai 2005 – 62 S 37/05
14. LG München I, Beschluss vom 8. November 2016 – 31 S 12371/16
15. KG Berlin, Urteil vom 14. Dezember 2006 – 8 U 83/06

Kapitel 18

1 OLG Frankfurt, Beschluss vom 21. März 2016 – 4 UF 26/16

Kapitel 19

1 BGH, Urteil vom 29. Juni 2016 – VIII ZR 173/15
2 AG Köln, Urteil vom 21. Oktober 2010 – 210 C 398/09
3 AG Frankfurt, Urteil vom 30. November 1999 – 33 C 2982/99 – 67
4 AG Gronau, Urteil vom 19. November 2018 – 2 C 121/18
5 AG Düsseldorf, Urteil vom 11. Juli 2019 – 27 C 346/18
6 AG München, Urteil vom 30. Oktober 2019 – 453 C 16524/18
7 AG Karlsruhe, Urteil vom 3. Februar 2017 – 6 C 2930/16
8 LG München I, Urteil vom 22. Oktober 2014 – 14 S 3661/14
9 LG Bielefeld, Urteil vom 26. Juli 2001 – 22 S 240/01
10 AG Gießen, Urteil vom 5. November 2015 – 48 C 176/15
11 AG Frankfurt a. M., Urteil vom 9. November 2016 – 33 C 1821/16 (93)
12 LG Köln, Urteil vom 21. Januar 1993 – 1 S 365/92
13 AG Melsungen, Urteil vom 7. Dezember 2017 – 4 C 325/17 (70)
14 LG Berlin, Urteil vom 18. April 2011 – 67 S 502/10
15 AG Warendorf, Urteil vom 27. Juni 1995 – 10 C 75/95
16 LG München I, Urteil vom 10. Oktober 2012 – 14 S 9204/12
17 AG Neukölln, Urteil vom 23. Oktober 2017, Az. 9 C 370/15; LG Berlin, Beschluss vom 26. Februar 2018, Az. 65 S 6/18
18 LG Düsseldorf, Urteil vom 14. September 1995 – XXVI 87/95 – 610 Js 249/94
19 LG Bremen, Urteil vom 26. September 1991 – 2 S 324/91
20 AG Sinzig, Urteil vom 6. Mai 1998 – 4 C 1096/97
21 BGH, Urteil vom 6. Mai 2009 – XII ZR 137/07; BGHZ 180, 300–311
22 AG Ludwigslust, Urteil vom 31. Mai 2013 – 5 C 324/13; AG Westerburg, Urteil vom 3. November 2011 – 21 C 164/11
23 AG München, Urteil vom 6. März 2012 – 473 C 31187/11
24 AG Köln, Urteil vom 7. Mai 2020 – 222 C 84/20

Kapitel 20

1 OLG Hamm, Rechtsentscheid in Mietsachen vom 22. August 1995 – 30 REMiet 1/95
2 BGH, Urteil vom 28. Juni 2006 – VIII ZR 124/05
3 LG Frankenthal, Beschluss vom 31. Juli 2006 – 8 T 86/06
4 AG Tempelhof-Kreuzberg, Urteil vom 24. November 2020 – 15 C 59/20

Register

WUSSTEN SIE, DASS ...

... die Flucht aus dem Gefängnis in Deutschland straffrei ist? ... Sie zu viel ausgezahltes Wechselgeld behalten dürfen? ... Morde auf Kreuzfahrtschiffen fast nie aufgeklärt werden? ... Sie sich von Punkten in Flensburg »freikaufen« können? ... Bier in Russland erst seit 2011 als alkoholisches Getränk gilt? ... das Töten einer Wespe 65.000 € kosten kann? Solche Kuriositäten und vieles mehr, von verblüffenden Rechtslücken bis zu juristischen Superlativen, steht in diesem so unterhaltsamen wie erhellenden Buch, mit dem man sich zum Weltrechtsexperten weiterbilden kann. ENDLICH: Das Buch zur erfolgreichen Social-Media-Brand »Jurafakten«

Dallan Sam und Patrick Burow
Jurafakten
Verbotene Süßigkeiten, erlaubte Morde und andere Kuriositäten aus Recht und Gesetz

Taschenbuch
Auch als E-Book erhältlich
www.ullstein.de

ullstein

»Viagra trieb mich zur Unfallflucht« »Ich musste fahren, denn ich war zu betrunken, um zu laufen« »Der Katzenkönig hat mir befohlen zu töten«

... Es ist unfassbar, wie dreist und fantasievoll Leute argumentieren, wenn Sie vor Gericht stehen – sei es wegen Bagatellvergehen im Straßenverkehr, sei es wegen kapitaler Verbrechen oder auch nur, um den Reisepreis zu mindern. Eines haben all die Diebe, Steuersünder und Beschwerdeführer, manchmal auch Mörder oder Reichsbürger gemeinsam: Ihre Versuche, sich herauszureden oder vermeintliche Ansprüche geltend zu machen, scheitern meist kläglich. Patrick Burow, seines Zeichens Richter, hat die haarsträubendsten Ausflüchte zusammengetragen.

Patrick Burow

Ich habe nicht geschossen, nur ein bisschen

Absurde Ausreden vor Gericht

Taschenbuch
Auch als E-Book erhältlich
www.ullstein.de

ullstein

Die wichtigsten Irrtümer rund um Recht und Gesetz in einem Band

Eltern haften für ihre Kinder? Mit Handtüchern kann man Badeliegen belegen? Gekaufte Artikel darf man nur mit Kassenzettel reklamieren? Alles Unsinn! Dennoch kursieren diese und andere juristische Halbwahrheiten nach wie vor in den Köpfen der Leute. Bestsellerautor und Staranwalt Ralf Höcker versammelt in diesem Band die populärsten Mythen rund um unser Rechtssystem und bewahrt uns damit vor teuren Missverständnissen und falschen Anschuldigungen.

Ralf Höcker
Das große Lexikon der Rechtsirrtümer
Populäre Mythen aus dem Reich der Paragraphen

Taschenbuch
Auch als E-Book erhältlich
www.ullstein.de

ullstein